ME LO CONTÓ UN MUERTO

La Vida en el Más Allá

ME LO CONTÓ UN MUERTO

La Vida en el Más Allá

Vladimir Burdman Schwarz

Me lo Contó un Muerto

La Vida en el Más Allá

Vladimir Burdman Schwarz

Publicado por Vladimir Burdman Schwarz

Distribuido por The Little French eBooks

Diseño de Portada por Ana Gaitan

Copyright 2014-Vladimir Burdman Schwarz

All rights reserved. No part of this book may be used or reproduced in any manner whatsoever without written permission, except in the case of brief quotations embodied in critical articles or reviews.

Published 2014

Printed by CreateSpace in the United States of America

Copyright 2014 Vladimir Burdman Schwarz

Dedico este libro a mis padres Rebeca y Zvi

Contenido

Prólogo	9
Almas en evolución	17
Reflexiones	19
Presentación	23

PRIMERA PARTE

La muerte no existe *¿Qué es la muerte?*   *29*

SEGUNDA PARTE

Nacer, morir y volver a nacer *La vida del alma no acaba 139*

TERCERA PARTE

Más allá de la vida, hay más vida *Vida después de la vida 365*

Epílogo	423
Por último	433

Prólogo

El ser humano pertenece a una especie muy compleja, contradictoria y, por sobre todo, mágica. Vivimos en un universo enigmático y deslumbrante que no alcanzamos a entender. Contamos con el privilegio de un milagro que nos trasciende y generalmente no apreciamos: la vida. Vivimos atormentados por la materia y al mismo tiempo buscamos llenar el vacío espiritual que tenemos.

La sociedad en la que interactuamos está llena de paradojas. La ciencia nos acerca a las estrellas y a la inmortalidad pero nos insensibilizamos ante el dolor ajeno. Angustiados por un futuro, no entendemos el presente ni a nosotros mismos. Estamos enfermos física y espiritualmente. La maldad de los seres humanos va creciendo día a día y la inconsecuencia reina impune.

Es posible tener un mundo mejor, podemos evolucionar todos los días un poco pues el futuro somos nosotros mismos. Cada persona que quiera cambiar internamente se proyecta externamente y se manifiesta en el mundo, cambiándolo. Tenemos el poder, hagamos consciencia de ello, pues todos somos dioses en potencia y nada es imposible de lograr cuando voluntad es firme y las metas son claras.

¿Qué sucede después de la muerte? ¿Hay otra vida más allá de esta? ¿Es posible un contacto con el más allá y con las almas o espíritus de los fallecidos? Todas estas preguntas y muchas más han sido formuladas desde el principio de los tiempos. Desde que el hombre reconoció su finitud y lloró por los seres queridos que habían partido de este mundo. Pero esta muerte, como tal, según la entendieron, no era más que un momento de transición entre el estado material y otro inmaterial o invisible. Se tenía en cuenta que el ser humano podía cambiar de estado, pero que no moría su consciencia. En la actualidad, el materialismo y la confusión religiosa hacen que el ser humano no se pueda atar a una creencia en particular ni sostener su enfoque mental en posibilidades que trasciendan el plano material.

La humanidad se ha llenado de dudas y miles de preguntas surgen en los momentos de desasosiego que representan la pérdida de un ser humano, de un ser querido. Quizás haber puesto tantas esperanzas en la ciencia positivista no ha hecho más que despojar de esas mismas esperanzas a la humanidad, que no se resigna a ser solamente un simple organismo funcional mientras dura la capacidad de organización corporal. Todo en la naturaleza está animado por una energía que llamamos espíritu, pero ese espíritu no tiene los mismos tiempos que el organismo que insufla. Por lo tanto, puede desaparecer la materia pero la energía podría continuar con su existencia más allá del sostén físico que ocupó. Entonces surge la pregunta: ¿dónde van las almas después de partir de este mundo? El universo es muy grande y es imposible captar su inmensidad física con nuestros sentidos. Tampoco es posible captar la energía que lo anima. No existe solo una dimensión en la que podemos movernos, también el universo está compuesto de miles de dimensiones en las que se mueven entidades con consciencia.

Los seres que viven en diferentes dimensiones no interfieren unos con los otros, aunque las dimensiones ocupen un mismo espacio, sus vibraciones son diferentes, además, vibran en planos de existencia diferentes. Existe un sitio al que van los seres desencarnados, aunque no siempre sea el mismo para todos. Hay que tener en cuenta que es la consciencia el punto de anclaje para todo el conjunto energético que conforma el espíritu humano, el tiempo que dura su encarnación en la Tierra.

En el momento de la muerte se producen ciertos fenómenos no observables por las personas, salvo algunas excepciones de seres con facultades paranormales que sí ven los procesos de la muerte. Estos procesos de la muerte comienzan con un repliegue de las energías corporales que se suman a los movimientos del alma, que es arrastrada por la consciencia. La consciencia, a su vez, es jalonada hacia un nivel distinto del terrestre, como si la fuerza que la animaba tirara de un invisible cordón llevándola fuera del campo energético humano. El tirón de la consciencia hacia un nivel superior se produce desde el interior de la columna vertebral, que funciona como puente para que las energías lleguen a través de los cordones nerviosos, en su última función para retraer el alma y conducirla por un túnel hacia una salida. Esa salida se encuentra en la coronilla de la cabeza y ciertas personas que han tenido experiencias de muerte clínica relatan haber visto una luz impresionante, cálida, que no encandila ni hiere la vista, sino que parece tener vida propia.

Hay entidades servidoras que ayudan al desencarnado en el momento del cambio de estado. La consciencia de la persona pasa por esos diferentes niveles y la sensación es la de elevación hacia la luz. Esto significa que ya el mundo material carece de una referencia inmediata pues los sentidos ya no hacen conexión con el plano físico. Pero sucede muchas veces que la consciencia tiene en su carga la idea de estar presente, de estar en el mundo cotidiano conocido, es decir, de no estar muerta. Esta situación la distrae y hace que no vaya al plano espiritual que la reclama. Las entidades espirituales que la rodean perciben sus inquietudes y buscan la forma de convencerla para que acceda a un nivel superior, pero pueden no lograrlo, ya sea por rebeldía, firme propósito de la persona o porque haya pasado el lapso de adaptación para comprender que cambió de plano. Cuando sucede esta situación —muy corriente, por cierto— de que la persona que fallece no está consciente de su estado real, en ese momento se gesta el fantasma, pues la consciencia no se ha elevado ni ha salido totalmente de este mundo. Sucede que queda entre dos mundos. Puede entonces buscar nuevamente la forma de continuar con la que fue su vida normal, pero tendrá la decepción de encontrarse que ya no percibe las cosas de la misma manera ni tampoco podrá interactuar en el mundo tal y como lo recuerda.

Si sucede esto, sus energías emocionales no llegaron a disgregarse totalmente, pues sigue teniendo emociones. Al tener restos de emociones, puede ir incrementando su nuevo estado y convertirse en una entidad espiritual que ronda determinados lugares buscando algo, tratando de culminar una obra. Los designios del fantasma pueden ser múltiples, pero son tan personales como la persona que fue durante su estadía en la Tierra; es decir, su personalidad sigue vigente. ¿Todos nos preguntamos cómo es la muerte? ¿Qué sucede realmente al dejar la materia, el cuerpo físico? ¿Continuamos viviendo en el cuerpo astral?

Realmente necesitamos más información al respecto, pues la muerte es lo más cotidiano de la vida misma. Sin embargo, solo vislumbramos ciertas respuestas que realmente no nos satisfacen pues no responden con claridad a nuestras inquietudes.

Durante el lento proceso de morir, el doble etéreo va deslizándose fuera del cuerpo y queda conectado por un hilo magnético. El ego revive entonces toda su vida pasada en fracciones de segundo antes de la muerte, antes del desprendimiento de la materia.

Millones de personas nacen cada segundo y otros tantos mueren: son actos naturales, de los cuales, sin embargo, solo tenemos teorías. Pero "la verdad" debemos seguir buscándola.

Almas en evolución

Nuestro planeta es una escuela más en el Universo. Cada día vienen a reencarnar nuevas almas para aprender y superarse espiritualmente. Unas vienen de otras escuelas inferiores del cosmos, otras vienen a enseñar.

¿Cuántas personas mueren cada minuto en el mundo? Según la oficina de censo de los Estados Unidos de Norteamérica, diariamente mueren en nuestro planeta 151.729 personas, es decir, 105 por minuto. En el mismo lapso nacen 364.335 seres humanos, el equivalente a 4 personas cada segundo. Para el año 2011 se esperaba que naciera el humano número 7 mil millones. Si le restamos 151.729 a 364.335, entonces en nuestro planeta hay 212.606 nuevos seres humanos por día. Para el año 2050 se espera tener 9 mil millones de habitantes en la Tierra.

Hace 40 mil años nuestro planeta albergó su primer millón de humanos. La población mundial aumentó a 5 millones hace unos 4 mil años; ya habían comenzado a venir más almas a la Tierra en una explosión demográfica. En el decenio de 1830 se llegó a los primeros mil millones de habitantes. A mediados del siglo xx, 120 años más tarde, había sobre la Tierra unos 2.500 millones de habitantes. En 1960 el número aumentó a 3 mil millones y en solo 15 años, cerca de 1975, ya rondábamos los 4 mil millones.

A finales de la década de 1980 llegamos a los 5 mil millones de habitantes y despedimos el siglo xx con 6 mil millones de personas. A tan solo 11 años de esa fecha logramos sumar otros mil millones de seres humanos. Actualmente hay más de 7 mil quinientos millones de habitantes en la Tierra.

Reflexiones

Cuando las cosas parecen no salir como lo deseo, renuncio a pretender obtener el resultado que espero, seguro de no estar viendo el todo. Si pudiera ver el todo comprendería que hay una razón por la cual las cosas suceden de cierta manera y que el cosmos tiene para cada uno de nosotros un plan especial, mucho mejor que cualquier otro que pudiéramos desear.

La vida es un escenario y todos somos actores: cada uno interpreta un papel. Unos son buenos actores, otros no cumplen con el papel asignado. Tenemos nuestra entrada a escena y nuestra salida de ella, cada uno de nosotros tiene un papel y un rol determinado.

- La energía, siempre responde a la intención.

• El amor es la esencia, es la búsqueda del espíritu, es la vida misma.

• El cuerpo es un conjunto de moléculas; la mente es el terreno de las ideas. Adonde quiera que vaya un pensamiento, también va una molécula.

• El cuerpo es un campo de información y energía que experimentamos objetivamente; la mente es ese mismo campo de información y energía, pero que experimentamos subjetivamente.

• Con un estado de consciencia más elevado, empiezan a desvanecerse los misterios y se revela nuestro propósito en la vida. Entonces la existencia pasa a nuevos niveles espirituales.

• Las palabras son tridimensionales, es decir, nuestro lenguaje conceptual trabaja con las categorías de espacio y tiempo, y esas categorías no se dan en el otro mundo.

• Si quieres conocer el pasado, mira el presente, que es su resultado. Si quieres conocer el futuro, mira el presente, que es su causa.

• El amor es algo tan grande que muchos no saben darlo, pero lo peor es que ni siquiera están preparados para recibirlo.

• Cuando rezo, no sé quién o quiénes escuchan mis plegarias, pero de algo estoy seguro: alguien siempre las oye.

• Nuestra existencia, en apariencia limitada, es en verdad un paso en el largo camino de la eternidad.

• Las circunstancias de la vida limitan nuestro libre albedrío.

• El ser humano vive en un proceso de búsqueda infinita.

• El ser humano vive confundido nadando en sus propios pensamientos.

• La suerte es una gracia divina o una casualidad del destino.

• La ausencia de armonía en nuestro interior afecta a nuestro sistema inmunológico.

• El esfuerzo que representa para nuestro cuerpo la ausencia de armonía, se manifiesta en forma de enfermedad.

• El alma, aunque eterna, al encarnar queda presa de la telaraña del tiempo con sus oportunidades y limitaciones.

• Hay cosas que no se pueden ver ni tocar y que existen con más realidad que las que pueden percibirse con los sentidos físicos.

• El alma del hombre o la consciencia sobrevive a la muerte, y retorna en intervalos variantes para nacer en otro cuerpo físico, con el propósito de adquirir conocimiento, sabiduría y evolucionar espiritualmente.

Presentación

Cuando tenía veinte años di mis primeros pasos en la búsqueda espiritual. Siempre creí que había algo más en la vida, algo profundo que no podíamos comprender o no estábamos preparados mentalmente para aceptar.

Pensé en un plan divino para el ser humano, pues la vida, tal y como yo la veía, no tenía ningún sentido. Ese plan divino estaba oculto, o había que descifrarlo en una ardua búsqueda espiritual. Vivir una vida corta o larga, pero una sola vida, y después morir y simplemente desaparecer sin más, dejando algún recuerdo y ya, se acabó... Me preguntaba dónde quedaban el trabajo, los sufrimientos, los estudios, los planes y metas. ¿Todo se esfumaba al morir la persona y el ego desaparecía para siempre, como entidad que alguna vez vivió y murió? ¿Se esfumaban para siempre todas las vivencias y experiencias del ego? Seguía interrogándome.

Siempre he creído en una Energía Superior, una mente cósmica creadora a la que llamamos Dios, y me parecía que la vida, por lo menos en el planeta Tierra y para el ser humano, no tenía ninguna lógica tal y como la vivimos. Por más que lo analizaba y le daba vueltas, no podía creer que Dios, la Suprema Energía, hubiera dado lugar a una creación tan maravillosa, con tantas potencialidades para el ser humano, para no darle sino una sola oportunidad de evolucionar: una sola vida. Algo muy efímero y muy ilógico a la vez para tan magna creación. No podía comprender. No podía aceptarlo. Dudé de todo, de la religión, de la evolución, de tantas vagas explicaciones que daban muchos eruditos y filósofos sobre la vida y la muerte. Nada de eso me satisfacía, pues había una gran laguna que llenar, había que buscar las respuestas a las diferentes incógnitas que presenta la vida.

Una de las tantas cosas que me daba vueltas en la cabeza era la justicia divina. Pensaba que si Dios era justo —como debe de ser todo padre, y más aún el Padre Supremo— deberíamos vivir en igualdad de condiciones, sobre todo si hay una sola oportunidad para cada uno, una sola vida. Pero lo que veía a mí alrededor era todo lo contrario. La injusticia se ve por todas partes, pues mientras unos viven en la opulencia otros nacen en la absoluta miseria; unos viven enfermos todo el tiempo, otros no sufren de ninguna enfermedad; unos tienen amor, otros iban de fracaso en fracaso; algunos nacen con suerte, otros no logran conseguir nada en la vida sino frustraciones; algunas personas viven muchos años, otros mueren jóvenes, y algunos ni siquiera llegan a nacer. ¿Solo una sola vida —me preguntaba— para morir frustrados, sin alcanzar los sueños, sin lograr la realización? No lo aceptaba. Sentía que hacerlo era subestimar la inteligencia divina. Razonaba: si partimos de la perfección de Dios, de que todos somos sus hijos y de que existe una sola vida, una sola oportunidad para cada ser humano, todos deberíamos tener los mismos derechos y el amor del Padre Supremo debería ser igual para todos nosotros. Deberíamos vivir bien o mal, pero con igual oportunidad para esa única vida. Si no, ¿cómo hablar de la justicia de Dios? ¿O será que nosotros no hemos comprendido el plan divino para el hombre?

Allí comenzó mi investigación. Fue muy ardua y complicada, muchas explicaciones, diferentes teorías, pero realmente ninguna me satisfacía; quedaban muchos vacíos y muchas lagunas en todo. Me encontré con la teoría de la reencarnación, con sus leyes, causa y efecto, karma, drama y múltiples oportunidades que tiene cada ser humano para superarse, corregir sus errores, evolucionar espiritualmente, ascender por mérito propio, hacer consciencia del mundo espiritual que nos rodea y en el cual estamos todos inmersos. Solo con la reencarnación del alma, a través de muchas vidas en diferentes cuerpos como vehículo del alma (que no pierde su ego, su individualidad y pasa de vida en vida adquiriendo nuevas experiencias, mejorando con cada nueva vida, superando las diferentes pruebas que la vida le presenta con cada paso), se pueden explicar las aparentes injusticias en el mundo. Según las leyes espirituales, cada uno está donde tiene que estar, donde le corresponde por sus méritos, por sus fracasos o por su evolución espiritual. Esta vida es consecuencia de las vidas pasadas, con sus errores o sus aciertos. Todos los días creamos nuestro futuro, bueno o malo, según nuestras actitudes y comportamiento cotidiano. Vamos creando karmas o dharmas, según la ley de causa y efecto. Todo lo que se hace regresa a nosotros —lo bueno y lo malo—, nada se pierde pues todo es energía y está en todas partes, en constante transformación, en todos los planos y para todos los seres del cosmos.

Desde siempre el ser humano ha sentido un vacío que ha tratado de llenar con las cosas mundanas. Pero el vacío persiste. Ese vacío solo se puede llenar con la energía espiritual, al hacer consciencia de que la vida es algo más que comer, dormir, divertirse y hacer dinero. La vida es energía, la vida es amor, la vida es felicidad, y esto solo se puede lograr cuando se comprende que el equilibrio entre lo material y lo espiritual da la felicidad en este plano de existencia. Hay que entender que el alma conduce al cuerpo y a la mente hacia una evolución superior. Existe mucha gente que todavía está dormida a las realidades trascendentales de la existencia.

Muchos han despertado de su letargo y saben que los demás están dormidos, pero los que se encuentran dormidos creen estar despiertos y siguen durmiendo.

Primero Parte

LA MUERTE NO EXISTE

¿Qué es la muerte?

Desde hace millones de años, el hombre ha tenido que enfrentar un fenómeno inexorable: su propia muerte. Con el mismo misterio que llega a la vida y al mundo, de un momento a otro se encuentra ante la posibilidad de su partida a otro plano de existencia, tan desconocido y misterioso como la vida misma. La muerte siempre se presenta como una amenaza, como el fin de una existencia. El hombre le teme a su propia muerte porque representa la disolución de lo único que nos da sentido. Estar vivo es tener consciencia, y esta se aferra a su propia continuidad. El ego no quiere disolverse en la nada, pues no quiere perder su identidad espiritual.

Siempre se ha pensado en la posibilidad de mantener una forma de existencia después de la muerte, y en la reencarnación, que es un proceso en el cual la esencia, es decir, el "yo" individual, el alma, se reviste temporalmente de un cuerpo físico. Tal condición habilita al alma para actuar en el mundo físico por un tiempo determinado, para evolucionar y pagar karmas pendientes de otras vidas. Una vez concluida esta misión, el cuerpo es desechado y la esencia del ser o alma que habitó dicho cuerpo temporalmente, después de un periodo de tiempo, que puede ser largo o corto, se vuelve a revestir de otro cuerpo físico, ya sea como mujer o como hombre, para proseguir su tarea de aprendizaje y evolución espiritual. La idea de la continuidad de la existencia es un concepto que se pierde en el tiempo. Si no la vida sería muy efímera y sin sentido, y hasta inútil desde el punto de vista evolutivo.

La investigación sobre la continuidad de la consciencia, la evolución del alma y la consciencia de la propia existencia, traspasando el umbral de la muerte tras la desintegración del cuerpo físico, ha cobrado un interés especial en los últimos tiempos. Se investiga qué hay después de la muerte pues el hombre ha entendido que su alma es eterna, que somos inmortales en esencia y que la vida actúa e interactúa en diferentes planos de existencia en los cuales nuestra alma se reviste de diferentes ropajes físicos y no tan físicos, según las necesidades y contexto en el cual nos desenvolvemos. Algún día conoceremos los misterios que nos rodean y perderemos el miedo a la muerte y a lo desconocido, y aceptaremos que somos seres eternos.

CONTACTO 1

Me desperté con la sensación de que me estaban observando, pero me resistía a abrir los ojos. La sensación seguía, cada vez más fuerte. Al abrir los ojos vi con sorpresa —mas no con temor— que dos seres estaban al pie de mi cama, observándome fijamente. Eran dos seres muy altos, vestidos con túnicas y llevaban el pelo largo.

Proyectaban mucha fuerza y determinación. Le pregunté al ser que aparentaba ser el mayor qué deseaban y me dijo que habían venido para realizar una conexión entre el más allá y este plano terrestre. Me sentía confundido, así que se lo hice saber para que fuera más explícito. El ser más joven me dijo:

—*Usted tenía un paciente que falleció joven y con el cual tenía mucha afinidad, a quien guió en el camino espiritual y ayudó siempre con sus problemas. Esa persona está aquí y ha sido seleccionada para transmitir, a través de usted, conocimientos psicoespirituales superiores, y también para revelar muchos misterios del otro lado del velo, la muerte, y la conexión entre los dos planos de vida.*

En ese instante, se materializo al lado de ellos Felipe, ni amigo, quien me saludó muy efusivamente llamándome "Vlad", tal como solía hacerlo siempre. Los dos seres, antes de despedirse, dijeron ser guías especiales enviados, pues había llegado el momento para que la humanidad supiera muchas de las verdades ocultas hasta ahora.

Para que se haga la luz de la nueva era, es necesario que conozcamos la verdad. Los seres humanos debemos liberarnos de muchos tabúes, falsas creencias y verdades tergiversadas que nos han tenido prisioneros espiritualmente en nuestra evolución.

—Lo dejamos con Felipe para su primer contacto. Ya usted sabrá qué hacer. En caso de dudas o problemas de comunicación, nos presentaremos.

Los dos guías desaparecieron como si se hubieran evaporado. Quedé solo con Felipe, que empezó por decir que estaba confundido pero a la vez muy seguro del papel tan importante que le habían asignado y de la misión que tenía que cumplir.

Mi amigo empezó a recordar cuando falleció. Él ya presentía que moriría joven y siempre me lo decía. Le dio un infarto fulminante y murió. La mañana de su muerte yo llegué a su casa y recé varias oraciones. Él recordó cuando yo llegué esa mañana. Recé para darle luz en su trance y me confirmó que estas oraciones le hicieron mucho bien pero que su angustia era grande. Estaba preocupado por su pequeño hijo y por sus dos hijas y estaba preocupado también porque, aunque él se lo esperaba, aunque él presentía la muerte, el trance no era fácil, por el contrario, era muy complicado.

—Felipe, cuéntame, ¿cómo fue esa transición, qué sentiste, qué pensabas, qué te paso de allí en adelante?

—*Bueno, Vlad, sentí un dolor muy grande en el pecho y quería despertar, pero no podía hacerlo. El dolor seguía más y más fuerte, y de repente me vi fuera de mi cuerpo. Quería hablar, quería moverme y quería salir de la cama, pero mi cuerpo no me obedecía. Me entró un gran pánico. Vi gente a mi alrededor, vecinos... Vino una doctora que me revisó y dijo: "no hay nada que hacer". Yo sentía que enloquecía: no podía entender porque nadie me veía, nadie me contestaba cuando les hablaba. Cuando tú llegaste, me sentí aliviado, tus oraciones me tranquilizaron pero momentáneamente, pues seguí con pánico. Era como estar y no estar a la vez. Yo veía y oía a todos pero, aparte de ti, que me vistes y me tranquilizaste, nadie más me hizo caso. Tú me proyectaste hacia mi maestro guía, pero solo lo vi por unos instantes. Me dijo que resolviera en la Tierra lo que tenía pendiente y, entonces, me vendría a buscar, cuando estuviera preparado para entrar en otro plano, pero que para eso tenía que desprenderme totalmente del plano físico terrestre. Me vi solo y en una oscuridad tremenda, pero no tenía miedo, sino la expectativa de lo que iba a suceder, pues tú me habías explicado muchas veces el proceso. Lógicamente no todos los casos son iguales. No sé cuánto tiempo estuve en el túnel. Digo túnel por decir algo, pero realmente no sé dónde me encontraba: estaba en un lugar oscuro y no veía a nadie.*

Lo siguiente: estaban cremando mi cuerpo. Tenía sentimientos encontrados, pues se quemaba mi cuerpo físico, pero a la vez me sentía liberado, como si me hubieran quitado un lastre de encima. Esa sensación me duró mientras sucedía la cremación. De pronto me encontré a tu lado. Estabas sentado con otras personas y me mandaste luz y paz espiritual. Me sentí en paz y también sentí que alguna fuerza me llevaba a un lugar desconocido. Me dio como un sopor, me sentí aletargado y no supe más nada de mí. Lo siguiente que me viene como recuerdos es que me veo en un bote con mi esposa y mi hijo pequeño. Ella esparce al viento mis cenizas, tal y como le pedí muchas veces que hiciera, pues yo amaba el mar y allí quería que mis cenizas fueran lanzadas. Fue un momento mágico, me sentí libre como el viento, y poderoso y grande como el mar. "Vlad", es muy difícil transmitirte lo que sentí, ¡mes es tan grande que no tengo palabras para expresarlo!

Después me vi deambulando por un campo con muchas flores y grandes árboles que se veían a lo lejos. Era como un bosque. Entré en él y había un silencio total. No vi animales ni a otras personas, pero me sentía feliz: estaba henchido de armonía y de paz espiritual. No sé cuánto tiempo estuve allí, pues como bien sabes, aquí el factor tiempo es muy relativo o no existe. No tengo todavía clara la situación. Después me vi en casa, con mi esposa y mi hijo. Me sentí triste por ellos: quería hablarles, reconfortarlos, pero ya sabes cómo es, no me veían ni me oían. Esto me desesperó muchísimo, me hacía sentir impotente. Después me vi al lado de mi ex-esposa y mis hijas, quienes tampoco me vieron ni me oyeron. Me di cuenta de que era inútil seguir tratando de comunicarme con ellos. Sentí que subía, o que bajaba, no lo sé exactamente, y me vi en una casa donde no había nadie. Quise llorar de la impotencia, pero las lágrimas no me salían y sentía como los sentimientos daban vueltas en mi cabeza, en un maremágnum interminable de confusión y desaliento. Ya no podía actuar en el plano material, y eso me hacía sentir impotente, pues quería ayudar y guiar a mis hijos, pero no tenía la forma. Luego caí en un foso negro y no sé cuánto tiempo estuve allí. Fue como un letargo del cual no recuerdo nada.

Lo siguiente que recuerdo es a un ser luminoso que vino a buscarme. Me dijo que tenía que tomarme un tiempo para reflexionar sobre mi última existencia en la Tierra, analizar todos los detalles, lo bueno y lo malo, y cómo corregir los errores a través del servicio espiritual a otros seres en la Tierra, incluso a mi familia, y también cómo planificar mi siguiente reencarnación. Le pregunté cuándo me tocaría regresar a la Tierra, y me contestó que todavía faltaba bastante para ello, que tenía otras labores que realizar. Le pregunté cuáles y de que índole eran esas labores, y me contestó que todo a su tiempo, que ya me indicaría mi labor, pues me dio a entender que aquí nadie está ocioso, incluso quien no reflexiona sobre su vida está ayudando a otros a reflexionar. Me dijo también que todo está organizado por planos de vibración, y que cada quien va, automáticamente, por atracción, a su plano correspondiente; nadie lo selecciona, pero sí puede recibir ayuda de otros espíritus más preparados y más evolucionados.

Me he dado cuenta de que ya no me mortifica no poder actuar directamente sobre mi familia, sino a través de inspiraciones mentales: les proyecto mentalmente una idea o una advertencia y ellos pueden captarla o no, depende de la situación en que se encuentren. Prefiero hacerlo cuando duermen, pues su mente está más tranquila y reciben la información a nivel subconsciente. Cuando se despiertan lo sienten como una inspiración.

Quiero ser útil, siento que tengo una misión que realizar, pero no lo tengo muy claro, simplemente lo siento dentro de mi alma. Estoy ansioso de saber y de actuar.

—Felipe, tú oíste lo que me dijeron los guías: una de tus misiones, pues me imagino que tendrás varias, es que nos contactemos cuando sea posible y me transmitas cómo es la vida en el plano donde tú te encuentras. Yo lo voy a escribir para que la gente entienda un poco más lo que es la muerte y el más allá, la interrelación de la vida con la muerte y viceversa. Cuando los guías lo dispongan y la comunicación sea posible, nos contactaremos de nuevo. Que la luz te envuelva y te dé sabiduría y paz.

— *Lo mismo te deseo, Vlad.*

CONTACTO 2

Estaba meditando cuando sentí una presencia a mi lado: Era Felipe. Nos saludamos y le pregunté cómo se encontraba. Le dije que tenía muchísimas preguntas que hacerle, pero no sabía si me las podía contestar. Él se quedó callado un rato, y luego me dijo:

—Hoy llegaron dos niños. No he podido acercarme a ellos, pero siento una gran afinidad por uno de ellos, como sabes todo aquí es vibración.

—¿Te has encontrado con alguien conocido, tu padrastro, por ejemplo?

Realmente no he visto a nadie conocido, más bien he sentido muchas presencias a mí alrededor, pero no sé quiénes son.

—Felipe, descríbeme el sitio en donde estás ahora.

—*Esto es un poco complicado, pues según mis sentimientos y emociones, me veo en diferentes sitios.*

—¿Cuáles sitios?

—*Bueno, de pronto estoy en un campo.*

—¿Hay otras personas contigo?

—*No veo a nadie, estoy solo. Otras veces estoy en un cuarto, todo blanco y con ventanas. Cuando me he acerca-*

do para mirar hacia afuera, no se ve nada. Eso me deprime y me angustia mucho. Pero al rato siento una energía que me envuelve y me calma.

—¿Esta energía viene sola o está proyectada por algún ser o entidad?

—*No estoy seguro, pero creo que está proyectada por alguien.*

—Felipe, ¿tus sentidos funcionan como cuando estabas en la Tierra?

—*Sí, tengo mis sentidos activos y más agudizados, pero de otra forma: veo y oigo cosas diferentes.*

—¿Cómo cuáles?

—*Por ejemplo, oigo una música extraña, no siempre, pero es algo que no puedo describir con palabras. Cuando miro los sitios en donde me he encontrado, es como ver dentro y fuera a la vez, es como estar dentro y a la vez observar desde afuera.*

—Felipe, estoy tratando de imaginar lo que tú ves, pero no me resulta fácil. Tus sentimientos, ¿cómo son? ¿Son iguales que antes o han cambiado?

—He reflexionado sobre mis sentimientos. Por ejemplo, ya no soy tan posesivo. Al pensar en mis hijos, quisiera estar a su lado y guiarlos, pero he comprendido que ellos tienen sus propios destinos que cumplir y solo puedo aconsejarlos, a nivel vibracional y nada más: no debo intervenir en sus vidas, ni tratar de interferir en ellas. Con respecto a mi esposa, quisiera que fuera feliz y se casara de nuevo. Antes no pensaba eso, era más egoísta. Ahora veo toda esa estructura de la vida como un aprendizaje: todos somos piezas de un rompecabezas, cada uno tiene su importancia, desde las piezas más pequeñas hasta las más grandes, pues si falta aunque sea una pieza minúscula, no se podrá completar el rompecabezas.

—Los conocimientos que obtuviste en la Tierra, ¿los recuerdas?

—*No solo los recuerdo, sino que ahora tengo conocimientos mayores con respecto a todo y afloran en mi mente: conocimientos de otras vidas, conocimientos muy profundos que no recuerdo haber aprendido en mi última vida terrestre.*

—Felipe, ¿piensas, sueñas, deseas?

—*Antes de contestar tus preguntas, quiero decirte que me siento muy bien conversando contigo, me llena muchísimo, y eso te lo agradezco.*

—Me alegra mucho saberlo. A mí también me satisface mucho.

—*Vlad, yo pienso como antes, pero otro tipo de pensamientos, más elevados, menos mundanos. No sueño, pues esto parece un sueño, o mejor dicho: sueño todo el tiempo, ¿me entiendes?*

—Trato de entenderte, pero no es fácil.

—*Acerca de los deseos, quisiera tener mi cuerpo de nuevo, saborear la comida, sentir e interactuar a través del cuerpo físico, tener sexo, hacer ejercicios... Tú sabes que yo me la pasaba metido en el gimnasio.*

—Me imagino que debes de tener una envoltura, algún tipo de cuerpo, ¿cómo es?

—*Realmente es y no es un cuerpo. Me traslado en él, pero es muy sutil, como vaporoso pero con cierta consistencia a la vez.*

—¿Tiene tu forma física anterior, o sea, tu misma fisonomía?

—*Sí se parece a la forma física que tuve en la Tierra.*

—Me dijiste que te provocaría tener un cuerpo físico y disfrutar de algunas cosas que ahora no puedes hacer, como tener sexo. ¿Cómo has manejado esta situación, puedes actuar a través de tu cuerpo actual?

—*Para ser honesto, cuando estaba recién llegado acá, hice el amor con mi esposa varias veces.*

—¿Cómo?

—*Me acostaba a su lado y teníamos sexo.*

—¿Ella se daba cuenta?

—*Algunas veces sí, otras no.*

—¿Qué sentías tú? ¿Era igual que antes, cuando estabas encarnado?

—*No, no era igual, pues hacíamos el amor en el plano astral, en donde ella tenía también un cuerpo sutil como el mío. Se siente igual, aunque quizás con más intensidad, pero no siempre es posible esa unión. Lo hice varias veces pero ya no me lo permiten.*

—¿Alguien te lo ha prohibido?

—*No, nadie me ha dicho nada. Es solo que yo sé que no debo de seguir haciéndolo.*

—¿Te sientes solo?

—*Sí, realmente me siento así la mayoría del tiempo, pero también estoy consciente de que debo estar en soledad, para poder reflexionar, analizarme, analizar la vida que llevé en la Tierra, darme cuenta de mis faltas. Realmente, dentro de mi soledad, no me siento totalmente solo, pero sí me hace falta la compañía de alguien, pero sé que ese será el siguiente paso.*

—¿Te da hambre o sed?

—*No, en absoluto. No tengo esas necesidades. Aquí floto como en un campo de energía y esa energía alimenta, o mejor dicho, carga de energía mi cuerpo sutil.*

—Felipe, ¿se podría decir que tienes una mente?

—*Sí, tengo mente, o algo parecido a ella, pues pienso y analizo, por lo tanto debo tener una mente que procesa estos pensamientos y esos sentimientos.*

—¿Acaso podrías decir que ahora, después de un tiempo de estar fallecido y de encontrarte en otro plano, eres más inteligente que antes?

—*Realmente no creo que sea más inteligente que antes, solo que ahora veo las cosas con más claridad. En la Tierra estaba muy enredado con muchas cosas, con actitudes, pensamientos y sobre todo sentimientos y frustraciones; ahora entiendo muchas cosas, he analizado muchas actitudes de mi vida y veo que actué mal y fui un tonto, porque me enredaba en situaciones necias. Pero no veía la salida. Ahora todo, o casi todo, está bastante claro para mí. Estoy aprendiendo muchísimas cosas sobre mí mismo: he visto mi vida como en una película, donde soy el actor principal, y como espectador, puedo criticarla y ver sus defectos.*

—Siento como una interferencia, Felipe. ¿Qué está pasando?

—No sé, Vlad, yo también siento algo que interfiere con la comunicación.

—Felipe, ahora mismo, allá donde tú estás, ¿es de día o de noche?

—Realmente no me he fijado en eso, me parece que siempre hay luz.

¿Qué tipo de luz? ¿Solar?

—No estoy seguro de qué tipo de luz ilumina esto, solo sé que está muy iluminado.

—Sigue la interferencia, Felipe. Mejor dejamos el contacto hasta aquí y continuamos otro día, ¿te parece?

Se cortó la comunicación. Felipe se fue y no tuvo tiempo de despedirse.

CONTACTO 3

Mientras estaba meditando y reflexionando sobre la vida y la muerte, sobre la trascendencia del alma hacia el más allá, sentí la presencia de Felipe, íbamos a tener un nuevo contacto. Yo tenía un montón de preguntas en mi mente que quería formularle.

—Hola, Felipe, ¿cómo te encuentras?

—*Bien, Vlad, aunque no sé qué decirte: a veces no entiendo nada de lo que me pasa y de lo que siento.*

—¿Qué quieres decir, Felipe?

—*Eso, que estoy confundido.*

—¿Por qué no pides ayuda a los guías?

—*Lo he hecho, pero no vienen. ¡Qué extraño es todo esto!*

—Mira, Felipe: te voy a ayudar a invocar a algún guía para que te ayude. ¿Estás de acuerdo?

—*Sí, Vlad.*

Me concentre y pedí ayuda para Felipe. Realmente me tenía muy desconcertado su situación.

—Felipe, ¿ves a alguien a tu lado?

—*No veo a nadie.*

—Esfuérzate un poco, concéntrate y pide ayuda. ¿Qué ves ahora?

—*No veo a nadie, pero comienzo a sentir una fuerza a mi lado. Es algo poderoso. No siento miedo en absoluto, más bien estoy en paz.*

—Felipe, pídele a esa fuerza que se manifieste tanto para ti como para mí.

En cuestión de segundos, se manifestó un ser angelical, de una belleza muy especial. Felipe y yo estábamos viendo lo mismo, los tres estábamos en sintonía. Le pregunté al ángel quién era. Una voz melodiosa me contestó.

—*Soy Kyra y pertenezco al tercer nivel de luz.*

—¿Qué eres dentro de las jerarquías espirituales?

—*Soy una Angelina, aunque a veces me confunden con el hada madrina.*

—¿Existen las angelinas?

—*Sí, al igual que los ángeles, solo que no somos muy conocidas y, por tanto, tampoco muy solicitadas. Nuestras labores son más de índole espiritual en diferentes planos evolutivos, por eso no somos tan famosas como los ángeles y arcángeles.*

—Tengo entendido que los ángeles no tienen sexo. Lo mismo debe ser con las angelinas. ¿Puede usted aclararme esto?

—*Realmente no tenemos sexo definido. Los ángeles, por sus labores, tienen una tendencia vibratoriamente más fuerte y son de tendencia masculina. Nosotras, en cambio, por nuestra labor más sutil, somos de tendencia femenina. Pero realmente no tenemos sexo alguno. Tanto los ángeles como las angelinas somos muy parecidos, salvo por muy pequeñas diferencias.*

—Estimada Kyra, quisiera pedirte ayuda para mi amigo Felipe, quien está muy estancado, según me parece a mí y por lo que me cuenta.

—*Puedo sentir preocupación y la angustia de Felipe, pero no existe tal estancamiento. Felipe está en un proceso necesario de reflexión, pues aún no ha llegado a la luz.*

—¿Puede explicarme lo de llegar a la luz? ¿Acaso es un lugar? ¿O es una vibración?

—*Realmente no es ni un lugar ni una vibración en sí, Felipe tiene que hacer la luz dentro de sí mismo.*

—No comprendo. ¿Cómo debe de actuar?

—*Él trae mucho lastre terrestre y esto es como si tuviera su cielo interno lleno de nubes que no permiten que los rayos del Sol lleguen a él.*

—¿Cómo puede limpiar su cielo interno?

—*Con un análisis profundo de su vida pasada.*

—Tengo entendido que Felipe ya lo hizo, ¿no es así, Felipe?

—*Sí, Vlad, ya lo hice.*

—No, no lo hizo como debe de ser, pues fue muy superficial en sus análisis.

—¿Pero no debió recibir ayuda para eso?

—*No necesariamente, pues está en condiciones de hacerlo solo, pero le tiene miedo a la verdad: no ha querido enfrentarse con sus temores y demonios personales, que son sus propias creaciones.*

Tanto Felipe como yo nos quedamos callados y sorprendidos por las explicaciones de la angelina.

—Quisiera hacerle algunas preguntas sobre los planos espirituales y su labor. ¿Podría aclararme ciertas dudas?

—Realmente me gustaría mucho ayudarlo, pero no tengo el permiso especial de tratar con un humano encarnado, sino con desencarnados para guiarlos en ciertos momentos de su transición. Hay otros seres que lo podrán ayudar a aclarar sus dudas. Sin embargo, lo que sí puedo decirle es que yo en mi jerarquía espiritual no conozco todo el proceso y mecanismo de la vida y la muerte, solo conozco la parte que me toca realizar en ciertos planos evolutivos. Yo también estoy limitada y quisiera saber muchas más cosas, pero hay informaciones vedadas, aun para nosotros. Ser ángel o angelina no quiere decir que lo sabemos todo. La verdad es demasiado compleja y misteriosa para ser desvelada. Espero haberle sido útil.

—Realmente estoy muy agradecido con usted, angelina Kyra.

Así como se presentó se fue. Me quedé con la sensación de que la angelina disfrutó la conversación conmigo. No puedo explicar esa sensación, pero sé que es así. Me imagino que incluso los seres elevados necesitan contactarse con seres de otros niveles, y esto les da conocimientos también y evolucionan en sus planos correspondientes.

—Felipe, ¿entendiste lo que te explicó la angelina?

—*Sí, lo entendí todo, pero no sé cómo enfocar mis demonios internos si ni siquiera los conozco.*

—Analízate en profundidad y en nuestro próximo contacto trataré de ayudarte, o de pedir ayuda a algún guía directo tuyo. Luz para ti, Felipe.

—*Para ti también, Vlad.*

CONTACTO 4

Era un día como cualquier otro, pero yo tenía el presentimiento de que algo interesante iba a suceder. Tenemos, a veces, esas sensaciones internas que con fuerza se manifiestan dentro de uno mismo, creando una sensación de alta expectativa.

En la tarde cuando estuve meditando, traté de conectarme con Felipe, pero fue en vano: no se pudo realizar la conexión. Sin embargo, se manifestó otro ser. Le pregunté por Felipe, pero él me dijo que no sabía quién era. Le pregunté quién era y dijo llamarse Samko, perteneciente al tercer plano evolutivo. Dijo haber sentido mi vibración y se conectó. Al principio tuve cierto recelo, pero después de percibir su vibración acepté la conexión.

—¿Cómo es esto de los planos? Quisiera saber algo más al respecto.

—Cada planeta tiene sus planos y sub-planos. Son siete ¡llanos y siete sub-planos. Cada sistema solar tiene siete dimensiones. Los seres evolutivos nacen en cada planeta para aprender ciertas lecciones, superar karmas y, ciertamente, disfrutar de algunos ahormas. Pasar de un mundo evolutivo ¡¡ otro es como pasar de una clase a otra, habiendo aprendido las leccione!! Al desencarnar, el individuo es atraído vibratoriamente hacia el plano o sub-plano que le corresponde por su propia evolución. Nadie juzga a nadie: todo es cuestión de vibración, de energía. Cada individuo está donde debe permanecer y donde le corresponde por su evolución. Cada planeta tiene su vibración evolutiva; cada sistema solar es un conjunto de escuelas, y cada galaxia se diferencia de las otras por su vibración, cada una muy especial, pues tienen treinta y dos dimensiones, cada una con una tónica vibratoria diferente. Hay en el cosmos un orden perfecto: nada sucede al azar. Todo tiene su causa y efecto, todo está organizado vibratoriamente, todo es cuestión de

energía, la cual se atrae o se repele de acuerdo con la evolución espiritual de cada quien.

—Quisiera saber un poco más sobre los sub-planos, planos y dimensiones.

—*Los sub-planos son lugares especiales adonde son atraídos los seres de evolución incipiente. A medida que avanzan, suben dentro de los sub-planos. Al salir del séptimo sub-plano, pasan al primer plano y así sucesivamente van ascendiendo de vibración y, por ende, de plano. Cuando un ser evolutivo supera los siete sub-planos y los siete planos vibracionales, pasa a la primera dimensión y así sucesivamente, hasta superar la séptima dimensión. Al superar todo el aprendizaje de estas dimensiones, pasa a otro nivel muy especial, donde comienza una evolución superior, en el centro de la galaxia, y donde debe superar las treinta y dos dimensiones, una vez que se aprende todo lo que se proyecta en esas dimensiones. De ellas solo tengo una vaga idea, por lo que he oído en informaciones de otros seres superiores. Nada específico, en realidad. Esos son conocimientos muy elevados y complejos para entenderlos. En todo caso, hay que llegar a esas dimensiones y vivenciar las vibraciones del conocimiento psicoespiritual superior. Estos son conocimientos que no se razonan, simplemente se reciben vibracionalmente y penetran directamente en el alma. Todo esto puede tomar miles de años a nivel evolutivo individual, y millones de años a nivel grupal o planetario. Esto en la medida de su tiempo, pues aquí en estos planos y dimensiones no hay tiempo, al menos el tiempo no es igual al suyo. Sería muy complejo explicarle la complejidad del tiempo en el cosmos. Ni yo mismo conozco en profundidad la realidad del tiempo.*

—Muy interesante todo lo que me explicó, pero quisiera saber algo sobre usted mismo. ¿Cómo es el tercer plano evolutivo? ¿Qué hace allí? ¿Cómo pasa el tiempo?

Perdón, se me olvidó que allí no hay tiempo, por lo menos como lo conocemos aquí en la Tierra.

—*Son muchas preguntas y tardaría mucho en contestar, pues para que usted me entienda debería tener una conexión más estrecha. Así, más que explicárselas yo, podría sentirlas a nivel vibracional. Sería como transferir el conocimiento directamente. Debo retirarme, pues ahora mismo debo estar en otro lugar.*

—¿Vamos a volver a contactarnos?

—*No lo sé realmente. Si está en ley así será. Que la luz divina ilumine su entendimiento.*

Samko se retiró y me dejó un vacío muy extraño. ¿Quién será realmente este ser? Espero volver a contactarlo. Me dejó mucha información que debo de digerir. No es fácil. Tengo la mente embotada. Definitivamente no es fácil asimilar toda esa información. Tengo mucho que pensar y que analizar.

¿ES INMATERIAL LA SEDE DEL PSIQUISMO HUMANO?

¿Es imprescindible el psiquismo para pensar? El sorprendente caso de las personas sin apenas corteza cerebral, pero con una inteligencia normal plantea la pregunta sobre dónde reside la mente humana. ¿Es el cerebro el ordenador central de nuestra psique o simplemente un receptor-emisor que lo conecta con el cuerpo físico? ¿Se puede ser inteligente sin córtex cerebral? El descubrimiento de personas que muestran una inteligencia notable, pero que apenas tienen cerebro, constituye un reto para la ciencia y replantea preguntas que parecían resueltas ya. ¿Es este órgano realmente el responsable del psiquismo? ¿O existe la mente con independencia de dicho soporte físico? Existen casos de hidrocefalia en los cuales los individuos apenas tenían corteza cerebral, pero eran inteligentes y estudiaban siendo buenos alumnos, muy aventajados además, pero muchos tenían el grosor del córtex de su cerebro de un milímetro, cuando lo normal son cuatro centímetros y medio. En algunos individuos, el córtex era casi cincuenta veces más delgado que en una persona normal, y sin embargo su coeficiente intelectual era de 126, bastante por encima del término normal.

Si el cerebro es el órgano responsable de los procesos mentales, ¿cómo se entiende que haya personas con una inteligencia normal, incluso superior, cuando apenas existe dicho órgano? Pensar sin apenas cerebro sigue siendo un misterio: ser capaz de realizar tareas cotidianas como leer, escribir, trabajar, manejar, realizar cálculos matemáticos complejos etc., sin que detrás de los pensamientos exista el complejo entramado de neuronas que deberían hacerlo posible.

Esto plantea una cuestión fundamental, casi se podría decir que filosófica: ¿dónde está la mente? Se ha demostrado que el cerebro tiene un papel fundamental en los procesos psíquicos, pero, ¿es la sede de la mente, o la facultad de crear los pensamientos reside en otro lugar? ¿Estaría la mente fuera del cerebro y del propio cuerpo? La existencia del psiquismo como entidad ajena al sistema nervioso, que solo actuaría como un intermediario entre este y el resto del organismo, es una creencia ampliamente extendida entre numerosos credos y filosofías.

El alma, esencia inmortal o espíritu, sería el auténtico ser de la persona. Esto supondría que existe un soporte inmaterial para el proceso de creación de los pensamientos, que después serían transferidos al sistema nervioso.

La consciencia no estaría realmente en el cerebro, sino en otro plano de realidad, donde radicaría la auténtica identidad de la persona, sus pensamientos y emociones. El hallazgo de los casos de quienes piensan sin cerebro podría dar la pista para deducir que la consciencia del mundo, y de uno mismo, está en un plano suprafísico, algo que plantea la inesperada posibilidad de que nuestro "yo" real y profundo sobreviva a la muerte del cuerpo y del cerebro. La mente podría residir en otro plano o nivel inmaterial, mientras que el cerebro sería el encargado de aportarle un soporte que cumpliría la función de conectarla al cuerpo físico. Si el centro generador del psiquismo no se halla en el cerebro, la psique podría sobrevivir a su desconexión con el cuerpo y existir sin este perfectamente. El "yo" real de cada ser se llama alma cuando está encarnada y espíritu cuando está desencarnada y es inmortal.

¿Dónde reside la memoria? La memoria ha sido buscada por los científicos tanto en regiones específicas del cerebro como fuera de él, conectándose como una función inalámbrica al mismo cuerpo. Tras más de un siglo de investigaciones, no logran dilucidar por qué ninguna parte del cerebro no puede ser la responsable de alojar nuestros recuerdos. Numerosos neurofísicos han intentado desentrañar residencias de la memoria en el interior del encéfalo. En estos experimentos se demostró que, incluso después de seccionarse hasta un cincuenta por ciento del cerebro de una persona, esta no pierde la memoria ni los recuerdos. Ciertos experimentos demuestran que la memoria podría residir no en una región concreta del cerebro, sino en todo el órgano por igual. Sin embargo, la neurología ha descubierto que el cerebro es una masa - en permanente cambio: todas las sustancias químicas y células interactúan y cambian de posición de forma constante. Teniendo en cuenta semejante plasticidad del encéfalo, es difícil sostener cómo la memoria podría alojarse en la distribución completa del cerebro para ser recuperada desde un cerebro completamente distinto. Ante este panorama tan amenazante para la biología mecanicista tradicional, muchos investigadores han comenzado a pensar que la verdadera residencia de la memoria se encuentra en un espacio dimensional no observable, y que el cerebro no actúa como portador de ella, sino como el nexo físico necesario para relacionar al individuo con un campo abstracto, situado fuera del cerebro, al que se ha denominado campo mórfico o morfogenético.

La memoria no se asienta en ninguna región cerebral especial, sino que permanece en forma de campo abstracto fuera del cerebro, el cual actúa meramente como codificador y de-codificador del flujo de información producido por la interacción de cada persona con el medio que lo rodea. Esta teoría parece estar respaldada por el hecho de que, tras los numerosos casos de amnesia producidos tras un accidente, gran porcentaje de ellos logra recuperar la memoria, cuestión que no podría tener lugar si sostuviéramos que los recuerdos perdidos se encontraban en un tejido ya destruido de una región cerebral específica. La pérdida de memoria por daño cerebral no prueba ya que la memoria este almacenada dentro del cerebro. De hecho, la mayor parte de la memoria perdida es temporal. La amnesia que sigue a una conmoción, por ejemplo, es a menudo temporal. Esta recuperación de memoria es muy difícil de explicar en términos de teorías convencionales: si los recuerdos han sido destruidos porque el tejido de memoria ha sido destruido, no debería regresar de nuevo y, sin embargo, a menudo son recuperados.

CONTACTO 5

Esa noche soñé muchas cosas. Fue una noche muy agitada e interesante. Me vi en un gran salón, muy iluminado y con mucha gente que estaban vestidas de diferentes maneras, reunidas en varios grupos. Parecían pertenecer a diferentes jerarquías espirituales. En una tarima estaba sentado un hombre alto, vestido con una túnica azul con ribetes dorados, observando todo lo que pasaba en el salón. A mi lado estaban otras tres personas: una mujer y dos hombres, pero nosotros estábamos en una situación diferente, no éramos iguales a las demás personas del salón. Se hizo silencio, todos dejaron de hablar y se voltearon hacia el hombre de la tarima, quien se levantó y, con una voz profunda, dijo a los invitados de los cuatro planetas supervisados que pasaran adelante. Ninguno de nosotros se movió, pero un anciano se acercó y nos hizo una seña para que lo siguiéramos, nos condujo al pie de la tarima, donde había unas sillas giratorias y nos indicó que nos sentáramos en ellas.

El hombre alto se identificó como uno de los guías de la séptima dimensión y dijo llamarse Serapis. Nos saludó dándonos la bienvenida, y nos invitó a formular nuestras inquietudes. Le hizo señas a la mujer para que tomara la palabra. Ella dijo llamarse Mirni, habitante del planeta Krylon. Comenzó por decir que no sabía por qué estaba allí, pero daba las gracias por la oportunidad de encontrarse reunida con el consejo supremo.

—*Nuestro problema principal es la falta de agua potable: nuestros ríos, lagos y mares se están secando, los animales se están muriendo de sed, los siete países en los cuales está dividido mi planeta, están en constantes guerras por el agua. Se están matando por obtener y poseer las reservas del líquido universal. Hemos hecho incursiones en otros planetas cercanos, para obtener agua, pero los habitantes de esos planetas se nos han enfrentado y hemos tenido que desistir de invadir alguno de ellos, donde la escasez del vital líquido no ha llegado todavía. Todos nuestros problemas giran alrededor del agua y si no lo solucionamos pronto, moriremos todos y la vida en nuestro planeta se acabará.*

Serapis, la miró fijamente y le dijo:

—Ustedes son los únicos culpables de su propia destrucción. No han hecho caso de los consejos de los Maestros Superiores, y han continuado con la destrucción *de los recursos naturales. Ahora tendrán que enfrentar las consecuencias de sus actos y enfrentar su destino.*

Serapis le hizo señas al hombre mayor que estaba a mi derecha, este dijo llamarse Raful y procedía del planeta Alfa 33. El problema de su planeta y sus habitantes, según lo que contaba, es que habían llegado a una gran evolución científica pero también habían sufrido un gran deterioro físico; habían logrado un gran desarrollo psíquico, pero habían descuidado sus cuerpos, debido a que únicamente los veían como un simple vehículo transitorio. Sus mujeres ya no son fértiles y los hombres están atrofiados sexualmente. Su raza se está extinguiendo lentamente: ya no hay niños en su planeta, solo ancianos muy longevos, y pese a tener una civilización de grandes adelantos, sus cuerpos están agotados.

Han salido a explorar otros planetas cercanos y lejanos, han hecho experimentos de inseminación artificial, combinando el ADN de ellos con los habitantes de otros planetas, pero los resultados no han sido óptimos. Los niños procreados no han logrado sobrevivir, debido a las grandes diferencias genéticamente con las razas con las cuales han hecho experimentos. Necesitarían muchísimo tiempo para llevar a cabo una adaptación conveniente para lograr procrear y salvar su raza, pero el factor tiempo es predominante y ya se les está agotando, pues quedan vivos solo ancianos. Su raza está en su fase final.

Serapis, le dijo con voz de trueno:

—Ustedes solo se preocuparon por su evolución científica-psíquica, olvidando que su "Yo superior" tiene una vestidura material. Y esa vestidura ha sido descuidada totalmente por ustedes: olvidaron mejorar sus cuerpos. Ustedes son los únicos responsables de sus descuidos y desafueros, ahora van a desaparecer irremediablemente como raza, pues este es el destino que se han forjado. Nosotros no podemos ayudarlos, ya es muy tarde, y ustedes nunca han hecho caso a los consejos de

sus sabios. Ahora tendrán que sufrir las consecuencias de sus actos y en su planeta quedarán solo animales y plantas, hasta que los jardineros del cosmos siembren de nuevo otra raza matriz en su planeta.

Serapis hizo señas al otro hombre para que hablara. Este se identificó como Kamry y dijo venir del planeta Basara. Comenzó por decir que no sabía por qué estaba allí y porque lo habían traído ante el Consejo Supremo, pero que ya que estaba allí, iba a plantear los problemas que aquejaban a su planeta.

—Tenemos muchas religiones y hay un gran enfrentamiento por el predominio de la verdad en la adoración a Dios. Tenemos guerras muy sangrientas en nombre del Ser Supremo. Las minorías religiosas son sometidas por las religiones predominantes, obligándolas a renegar de sus creencias y a pasarse a las religiones poderosas. Si no lo hacen son perseguidos los, torturados y hasta asesinados en nombre de la religión. Mi planeta es relativamente joven y todavía no hemos encontrado nuestro camino hacia Dios. Hay una gran distancia entre los que predican las religiones y la manera en cómo actúan con sus congéneres. Yo pertenezco a un grupo de intelectuales que luchamos por formar una sola religión, pues hay un solo Dios y no tendría que haber enfrentamientos por la fe, pero mi planeta está pasando por esta grave situación.

Este problema acarrea muchos otros que no voy a enumerar ahora. Quisiera que nos mandaran a un avatar para ver si podemos unirnos todos, bajo una sola fe.

Sirapis se le quedó mirando fijamente y le dijo que él y sus compañeros podían lograr la unión, pero que era una ardua labor y tomaba tiempo cambiar las consciencias de los pueblos, que la ignorancia estaba muy arraigada en las consciencias incipientes. También dijo que no era todavía el momento de mandar un avatar.

—*Ustedes deben evolucionar por sus propios medios, sufriendo las consecuencias de ello. Este es el karma de su raza.*

Me tocó el turno a mí. Estaba muy nervioso, pues todos en el salón estaban pendientes de mí. No sabía por dónde comenzar.

—Mi nombre es Vladimir y mi planeta se llama Tierra. Tenemos muchísimos problemas y realmente no sé por dónde comenzar. El mundo en donde vivo parece un caos. Muy pocas cosas están marchando bien. Se pensó que cuando llegáramos al año 2000 iba a comenzar una nueva etapa para la humanidad: una era de paz, armonía, fraternidad y espiritualidad. Pero la realidad es totalmente diferente. La gente es más egoísta, más materialista, aunque con muchos más conocimientos espirituales, pero solo a nivel intelectual, pues muy poco de estos conocimientos se llevan a la práctica. También hay un caos religioso. Existen muchas religiones y muchas pugnas entre ellas, y en su nombre se cometen muchos actos terroristas en los que muere mucha gente inocente. Mueren de hambre millones de personas, en especial niños, pues la riqueza está muy mal distribuida. A los políticos les interesa más su bienestar personal que el bienestar de sus pueblos; la credibilidad en los gobernantes está disminuyendo cada vez más; la corrupción de los gobiernos es cada vez mayor; la moral y las buenas costumbres se han perdido, por ende los vínculos familiares se rompen con facilidad: los matrimonios no duran, los hijos sufren las consecuencias y se crían con problemas emocionales, formando una sociedad con problemas psíquicos cada vez más graves. Los países ricos y poderosos quieren dominar y manipular a los países pobres, ya sea a través de la economía o por la fuerza militar. En algunos países mueren más personas asesinadas por el hampa que en otros por las guerras actuales. Los países viven en constantes pugnas, manipuladas por los perros de la guerra. Los agujeros en la capa de ozono se agrandan cada vez más. Los países industrializados contaminaron lo ríos, los lagos y los mares, y a sabiendas de ello, siguen destruyendo la naturaleza, acabando con un bello planeta como es la Tierra. Hay un grupo muy poderoso de personas que manejan y deciden el destino de toda la humanidad. Estamos a las puertas de la tercera guerra mundial y parece que entre los terroristas, los malos gobernantes y la corrupción tanto material como moral, nos llevan irremediablemente hacia nuestra propia destrucción. Tengo muchas otras cosas que decir, pero creo que con esto se resume, grosso modo, algunos de los problemas más graves que tenemos.

Serapis dijo que todas las cosas que suceden actualmente en el planeta Tierra son parte del libre albedrío del ser humano y de la evolución espiritual de la humanidad. Las humanidades de ciertos planetas evolucionan más rápido, otros necesitan de experiencias más fuertes y sufrir las con-secuencias de sus propios actos equivocados. Pero estos actos tienen que corregirse haciendo consciencia.

CONTACTO 6

Me encontraba meditando, cuando oí una voz que me llamaba suavemente. Pensé que era Felipe para comunicarse conmigo. Los saludé:

—Hola, Felipe.

Pero la voz me respondió:

—*No soy Felipe, soy un enviado.*

—¿Un enviado por quién?

—*Enviado por los guías.*

—¿Cuáles guías?

—*Tus guías.*

—¿Cómo te llamas?

—*Me llaman Gilgal.*

—¿Puedo saber para qué es esta comunicación?

—*Sí. Es para transmitirte ciertas informaciones que los quieren que sepas.*

—¿Por qué no se comunican directamente ellos, como lo han hecho tantas otras veces?

—*Sus razones tendrán. No puedo contestar esa pregunta. Hay muchos seres que están guiados por los Maestros de Luz para cumplir con ciertas misiones de índole espiritual en beneficio de la humanidad y su evolución espiritual. Lamentablemente, la gran mayoría de ellos se ha desviado del camino, pese a las enseñanzas recibidas, solo muy pocos están realizando la labor encomendada.*

—¿Qué informaciones te han encomendado transmitirme?

—El planeta Tierra está en una fase de transformación. Van a suceder muchas cosas graves para toda la humanidad. Grandes cataclismos servirán para depurar la raza humana. Los seres que van a desencarnar, a través de estos acontecimientos, pasarán a otros planos de evolución.

—¿Qué será de los seres que se salven y permanezcan en la Tierra?

—Ellos serán los guías de la nueva humanidad. Comienza otra era evolutiva, pero primero se va a destruir lo que queda de la anterior. Todo deberá de reconstruirse, pero sobre bases más sólidas, bases espirituales y morales.

—¿Cuándo van a comenzar los cataclismos?

—Mire a su alrededor y se dará cuenta de que ya comenzaron.

—¿Qué acontecimientos nos esperan?

—Vendrán grandes inundaciones, terremotos devastadores, erupciones de volcanes, maremotos. Vendrán muchas epidemias y morirán millones de seres humanos. Habrá hambre en el mundo, tanto en los países ricos como en los pobres. Habrá guerras por el predominio y el poder; muchas naciones se enfrentarán por el agua, la cual va a escasear aún más. La Tierra está de parto, y ese parto será muy doloroso, pues la humanidad entera pasará por grandes pruebas, pruebas muy fuertes. Ustedes no se imaginan los acontecimientos que están ya encima de sus cabezas, pero todo es obra de ustedes mismos. No pueden culpar a más nadie de sus errores.

—¿Qué podemos hacer para minimizar estos desastres?

—Realmente muy poco, pues ya están en marcha todos los acontecimientos. Solo les queda rezar, pues a través de esa energía generada por la oración, quizás se puedan atenuar algunos acontecimientos. Ustedes tuvieron mucho tiempo para rectificar, recibieron muchos *mensajes, muchas indicaciones, pero muy pocos siguieron los consejos de los guías. Ahora les toca enfrentar sus propias obras. Ustedes mismos han puesto en marcha esa energía.*

—Esa información es muy deprimente y fatalista. ¿Qué puedo hacer al respecto?

—*Usted solo puede transmitir estas informaciones y quien las reciba deberá actuar según su consciencia y a su evolución espiritual.*

—¿Tiene alguna otra información que darme?

—*No, pero si los guías así lo deciden, volveré a contactarme con usted.*

—¿Sabe usted dónde esté Felipe?

—*No sé quién es. Me despido. Que la luz Divina lo ilumine e ilumine a toda la raza humana.*

CONTACTO 7

Amaneció lloviendo. El día se perfilaba triste con un cielo lleno de nubes negras, amenazadoras. Mis pensamientos iban y se perdían buscando un no sé qué. Me invadió una tremenda paz: un absoluto silencio se formó dentro de mi mente. Afuera se oían las gotas de lluvia golpeando contra los cristales de las ventanas. Era como si tocaran millones de tamborcitos un mismo ritmo hipnotizador. Sentí, y a la vez escuché, una voz que me decía:

—Necesito ayuda, estoy perdida.

—¿Quién eres?

—*Soy Zitka y estoy en un sitio solitario. Tengo frío. Tuve un accidente de tránsito y no sé qué me pasó.*

—¿Has fallecido?

—*No sé si me morí. No lo creo, porque estoy igual. Solo que estoy perdida y no sé dónde me encuentro. Necesito su ayuda, usted es la única persona que me escucha. No lo puedo ver pero si lo oigo claramente.*

—¿Qué edad tienes y dónde vives?

—*Tengo 33 años y vivo en Maracay, con mis padres.*

—¿Con quién ibas en el carro?

—*Iba con una amiga, pero no la veo. Estoy sola y tengo mucho miedo.*

—No me ves, pues estamos hablando telepáticamente. Creo que has desencarnado y estás entre dos mundos. Mira a tu alrededor. ¿Qué ves?

—*Solo veo oscuridad.*

—Piensa con mucha fuerza en tu familia.

—¡Ay! Estoy en mi casa. Veo a mis padres: los abrazo pero no me responden, parece que no me ven. Les hablo pero no me contestan.

—No te pueden ni ver ni oír porque ya no tienes un cuerpo físico. Estás en un cuerpo similar al que tenías, pero es más sutil, más tenue, y ellos no pueden notar tu presencia pues estás vibrando en un plano diferente.

—*Entonces esto es la muerte: soledad y miedo.*

—Bueno, no realmente, este es solo el comienzo de la transición entre la vida en el plano de la Tierra y el plano espiritual. Pide la asesoría de tu maestro guía. Pídelo con tus pensamientos, pide que venga en tu ayuda. ¿Ves a alguien?

—*No veo a nadie.*

—Vuelve a pedirlo con todas tus fuerzas. Concéntrate.

—*Veo a alguien venir hacia mí pero no lo distingo bien... Ya, ya empiezo a distinguir a la persona: se sonríe conmigo. ¡Es mi abuela! Me abraza, lloro de alegría. Ya no me siento tan sola.*

—¿Qué te dice?

—*Solo se sonríe y me abraza, pero no me habla.*

—Pregúntale si puedes irte con ella.

—*Con la cabeza dice que no y se está marchando. Le grito, le suplico que no me deje, pero solo me sonríe y se despide con la mano. Estoy otra vez sola y en la oscuridad. ¡No se vaya, no me deje usted también!*

—No te preocupes, Zitka, voy a tratar de ayudarte hasta donde pueda. Ahora, trata de imaginar que estás en una playa, en un día soleado y hermoso. Piensa y desea estar allí.

—*¡Dio resultado! Estoy en una playa muy hermosa... ¡y qué solazo!*

—¿Ves a alguien a tu alrededor?

—*No, me encuentro sola.*

—Camina y trata de ver si hay más personas

—*No veo a nadie ...a lo lejos veo un perro que está jugando con un palo, pero no veo a nadie más.*

—¿Conoces esa playa?

— *No, nunca he estado aquí. La arena es muy blanca y el mar es de un azul muy intenso.*

—Metete en el agua.

— *Me voy a mojar y no tengo toalla ni traje de baño.*

—No le preocupes por eso, tú ya no tienes cuerpo físico y por lo tanto no te vas a mojar.

—*Está bien, lo haré... Qué extraño: estoy flotando sobre el agua, estoy caminando y no me he mojado. ¡Realmente estoy muerta! ¿Ahora qué me pasará?*

—Primero quiero que te des cuenta de que puedes pensar y actuar, aunque sea en otro cuerpo más sutil.

Cuando piensas en un lugar te puedes trasladar allí instantáneamente. Es decir, que donde está tu mente estás tú. Pide ver a tu maestro guía o a familiares fallecidos que te puedan ayudar en tu camino.

—*Estoy pidiendo, pero no tengo respuesta.*

—Sigue pensando y libérate del miedo que te bloquea la mente.

—*Estoy asustada.*

—Lo comprendo, pero piensa en cosas bonitas, en situaciones agradables y pide como te dije.

—*Veo una luz a lo lejos.*

—Eso es bueno. Camina hacia la luz.

—*Esto*y corriendo, ya voy llegando. La luz sale por una por una puerta muy grande, parece la entrada a un templo... Estoy cerca. No puedo ver hacia adentro, pues la luz es muy fuerte.

—Entra por la puerta.

—*Hay algo que no me deja entrar, estoy como atascada en la entrada.*

—¿No hay nadie allí? ¿No ves a nadie?

—*No puedo ver hacia adentro.*

—Pídele al guardián que te deje entrar.

—*Pero no veo ningún guardián.*

—No importa que no lo veas, pídele permiso para entrar.

—Está bien... lo estoy haciendo. La luz está bajando de intensidad. Ya voy... Sí, estoy entrando. Es un sitio enorme y hay muchísima gente. Veo a una persona mayor habiéndole a la gente.

—¿Qué dice?

—*No lo puedo distinguir, parece hablar en un idioma extraño que desconozco.*

—Pide entender. Recuerda que todo lo que piensas se vuelve realidad.

—*Sí, ya lo entiendo. Está hablando de la vida, que no tiene ni comienzo ni final, que la muerte también es vida pero en diferentes planos de evolución. Habla de seleccionar en grupos a todos y que pasen a sus planos correspondientes. Estoy al lado de una muchacha joven. Me pregunta cuándo llegué. Le digo que ahora y ella me dice que también acaba de llegar y que se siente muy confundida. Me toma de la mano apretándola con fuerza. Eso me hace sentir mucho mejor, ya no tengo miedo. ¡Qué momentos tan* terribles pasé!

—Yo pienso que no fueron momentos, porque allí donde estás no existe ni el tiempo ni el espacio. No sé si tú eres la única que calcula como en la Tierra. En cualquier caso, Zitka, ahora te dejo. Ya estas encaminada. Que la luz divina te ilumine y evoluciones en el plano que te corresponde.

—*Gracias, señor. Usted me ha salvado.*

—No, solo te ayude a ver la luz en tu camino porque así tocaba, pues no existe la casualidad sino la causalidad.

—*¿Nos volveremos a contactar?*

—Sí está en ley así será. Adiós y suerte en tu nueva existencia, Zitka.

CONTACTO 8

Temprano en la mañana, me llamó Enrique para decirme que Roberto, un amigo común de la infancia, había fallecido después de una larga y penosa enfermedad. Ya yo sabía que él estaba muy enfermo y hablamos por teléfono hace dos años. Me contó con detalles su sufrimiento y su búsqueda de una cura. Mejoró durante un tiempo, pero por lo visto, al final la enfermedad pudo más y murió. Quedé pensativo, recordando a Roberto, pues fuimos buenos amigos durante años. Ante estas situaciones, cuando se va un familiar o un amigo al otro lado llamado muerte, reflexionamos y nos hacemos tantas preguntas y quisiéramos tener todas las respuestas. Pero las dudas quedan, nos martillan el entendimiento y nos damos cuenta de que no sabemos nada acerca de la muerte, no (tenemos idea de lo que nos pasa cuando dejamos el cuerpo material y nuestra alma, envuelta en un cuerpo más sutil, se va. ¿Pero adonde? ¿Qué hace allí? Si la muerte no existe « no es algo definitivo, ¿cómo se vive allí?

Mientras estaba reflexionando sobre todas estas inquietudes, se me presentó Roberto, tal y como lo había visto la última vez. Se paró a mi lado y me dijo:

—*Necesito que me ayudes. Estoy perdido y de todas las personas que conozco tú eres el único que me puede ayudar.*

—¿Qué tipo de ayuda estás buscando?

—No sé dónde me encuentro, estoy solo y muy confundido. Tú siempre me decías que la muerte no existe, que es un cambio de plano de existencia, que muere el cuerpo como vehículo del alma pero que no muere el alma. Yo siento que soy el mismo, pienso y estoy consciente de mí mismo, pero no sé dónde me encuentro. Estoy muy confundido.

—Roberto, ¿ves a alguien a tu alrededor?

—*No, no veo a nadie.*

—¿Puedes describir el sitio donde te encuentras?

—*Es un edificio. Estoy sentado en una recepción y no hay nadie más en la habitación. Realmente no sé qué estoy esmerando aquí, no entiendo nada.*

—Pide ayuda a tu maestro guía, piensa que él viene en tu ayuda.

—Lo estoy haciendo.

—¿Qué ves ahora?

—Oigo una voz que me tranquiliza y me da ánimo.

—Concéntrate para que puedas ver quién te habla.

—*Ahora sí lo veo: es un hombre mayor que me sonríe y me hace señas para que lo siga. ¿Qué hago? Tengo miedo.*

—Deja el miedo a un lado y síguelo, él te va a guiar al lugar que te corresponde, y si tienes que pasar por otras experiencias él te llevará. Ve con él y que Dios te proteja y te guíe hacia la luz.

—*Vladimir, puedo volver a necesitar tu ayuda. ¿Qué hago entonces?*

—Piensa fuertemente en mí y si está en ley y los guías lo permiten, nos volveremos a comunicar.

VIDA DESPUÉS DE LA VIDA

Todos los seres humanos nos preguntamos qué sucede después de la muerte. ¿Hay otra vida más allá de esta? ¿Es posible un contacto con el más allá? Estas y otras preguntas han sido formuladas desde el principio de los tiempos por todas las razas y religiones.

Como ya hemos dicho, esta muerte, según la entendieron muchos, no es más que un momento de transición entre un estado material y uno inmaterial: el ser humano puede cambiar de estado, pero su consciencia no muere. Todo en la naturaleza está animado por una energía que llamamos espíritu, pero este espíritu no tiene los mismos tiempos que el organismo que insufla, por lo tanto, aunque desparezca la materia, la energía puede continuar con su existencia más allá del sostén físico que ocupó.

¿Dónde van las almas después de partir de este mundo físico? El universo es inconmensurable y no podemos captar su inmensidad con nuestros sentidos, mucho menos captar la energía que lo anima. Realmente no existe solo una dimensión en la que podamos movernos. En el universo existen millones de dimensiones diferentes, diferentes planos de existencia en los cuales se mueven entidades con consciencia. Entonces, es posible afirmar que existe un sitio al cual van los seres desencarnados, aunque no siempre sea el mismo para todos.

Hay que tener en cuenta también que la consciencia es el punto de anclaje para todo conjunto energético que conforma el espíritu humano en el tiempo que dura su estadía o encarnación en la Tierra. En el momento de la muerte se produce ciertos fenómenos no observables para las personas comunes. Solo los videntes pueden observar el proceso de desencarnar o, dicho de un modo simple, la muerte.

Este proceso comienza con un repliegue de las energías corporales que se suman a los movimientos del alma que es arrastrada por la consciencia. La consciencia, a su vez, es jalonada hacia un nivel distinto del terrestre: como si la fuerza que la animaba tirase suavemente de un invisible cordón, el cordón de plata, llevándola del campo energético humano hacia a un nivel superior. Con este tirón se produce una energía en el interior de la columna vertebral, la cual, como lo hemos mencionado, funciona como un puente para que las energías transiten a través de los cordones nerviosos, en su última función para conducir al alma por esta especie de medio, hacia la salida. Esta salida se encuentra en la coronilla de la cabeza y algunas personas con facultades han podido observar cómo parten las almas de los que han fallecido.

El espíritu de Dios se muestra a través de entidades servidoras en el momento del cambio de estado. Es entonces cuando la consciencia de la persona comienza a pasar por esos diferentes niveles y experimentan la sensación de elevación hacia la luz. Esto significa que ya el mundo material carece de una referencia inmediata, pues los sentidos ya no lo conectan a este.

La primera sensación es la de frío, pero no un frío como lo percibimos en invierno, sino como un adormecimiento que, a la vez, sostiene a la nueva consciencia. La consciencia, por su parte, es arrastrada al plano vibracional espiritual que le corresponde. La mayoría de las veces sucede que la consciencia, en su carga emocional vibracional, conserva la idea de estar entre el mundo cotidiano material conocido y uno desconocido espiritual que la atrae con fuerza: sus pensamientos permanecen puestos en tareas que no ha terminado, en el contacto con personas queridas, atraído por las cosas mundanas y materiales, pero se da cuenta de que no puede interactuar con este mundo. Esto, en muchos casos, genera desesperación en el desencarnado. Sin embargo, los maestros guías tratan de inducirlo a aceptar su nuevo estado espiritual, pero si el individuo no quiere, no lo obligan y se retiran, aunque permanecen atentos para actuar cuando sea necesario. Así se gestan los fantasmas, esas almas que permanecen en este plano, pues su consciencia no ha sido elevada fuera de este mundo, quedando atrapada entre dos mundos. Puede quedarse en algún lugar específico, como una casa. Es como si estuviera buscando algo, tratando de culminar una tarea o de transmitir un mensaje a alguna persona querida. Cada ser humano protagonizará así una secuencia, característica y definitoria, de eventos, en rigurosa y equitativa correspondencia con el grado de primitivismo o refinamiento espiritual que haya alcanzado con sus intenciones, actos y pensamientos terrenales.

A tales efectos, el astral ultra-terreno esta subdividido en estratos concéntricos que interpenetran el espacio que circunda a la Tierra. Se trata de recintos especializados que se comportan como universos paralelos coexistentes, autónomos e independientes, aunque estrechamente interconectados. Cada una de estas esferas de vida funciona en una frecuencia dimensional o vibratoria diferenciada y los elementos y seres que la conforman están integrados sobre una modalidad peculiar de materia sólida y tangible para los habitantes de ese reino, pero invisible para los habitantes de otros niveles.

Se trata de ámbitos frecuenciales especializados, diseñados ex profeso para acoger selectivamente, y por un tiempo limitado, a los espíritus que integran cada especie o categoría de entidades fallecidas, según la índole ética de sus puntos de vista ante la vida y sus motivaciones y sentimientos interiores.

De este modo el residuo psíquico de los perturbadores, crueles y malintencionados va a parar, durante un lapso purificador a un verdadero infierno tenebroso. Un medio deprimente en consonancia natural con las tendencias egocéntricas de sus vivencias más profundas. Allí permanecerán hasta que deseen y pidan salir de los "bajos fondos" del astral, reconozcan sus errores y quieran enmendarlos. En este purgatorio se encontrarán con muchas otras almas similares a la suya en vibración y sentimientos, estancados en el materialismo y las pasiones mundanas. A ellas se les permite estancarse por un tiempo ilimitado en ese éter pesado y grosero super físico adyacente a nuestro planeta, donde a través de posesiones psíquicas, reviven sus tentaciones. Al hacer consciencia de lo negativo de sus acciones y querer cambiar, se sumergen en un interludio variable de inconsciencia revitalizadora. Cuando vuelven en sí, se llevan una colosal sorpresa al comprobar que se sienten más vivos y sanos que nunca, que siguen siendo los mismos, con su personalidad inalterada, tal y como la tuvieron durante su estadía en la Tierra. Constatan, maravillados, que siguen en posesión de un cuerpo, comparable al de la carne y hueso, aunque más sutil y energético. Por el extraño curso de los acontecimientos, deducen que están muertos y paradójicamente, se asombran de no haber perecido disueltos en la nafta, teniendo más energía y luz que cuando se encontraran prisioneros en sus densas envolturas biológicas. En este punto, un grupo o comité de recepción les brinda una cálida acogida: familiares, amigos y conocidos, personas con las cuales tuvieron relaciones afectivas en vida, y que perecieron antes, los guiarán, los instruirán sobre la naturaleza, funcionamiento y reglas de adaptación del nuevo estado de cosas al que se incorporan. La emoción que experimentan al encontrarse con sus seres queridos les da fuerzas y ánimo.

Pasada la excitación del encuentro con todas esas otras almas, son atraídos por el dolor de los que quedaron en la Tierra y asisten a sus propios funerales. Esto los perturba enormemente, pero sus guías los llevan a su plano correspondiente, en el cual deben recapacitar por la vía del examen de consciencia: reflexionar y analizar todas sus experiencias sobre la etapa vivida en la Tierra.

De las lecciones aprendidas, deben reflexionar sobre los errores cometidos, analizar sus relaciones personales con otros, ya sean familiares, amigos o conocidos, y sacar sus conclusiones.

Después de todo esto, les corresponde un descanso, donde disfrutan de un ambiente cónsono con su evolución espiritual. Al terminar dicho descanso, viene la preparación para la futura reencarnación, programada para solventar sus deudas con los demás y continuar aprendiendo otras valiosas lecciones que los ayudarán a tener una mayor consciencia y evolución espiritual.

CONTACTO 9

Estaba sentado en el patio meditando: mi mente estaba quieta y tenía la luna llena mirándome con un halo misterio. De pronto sentí una fuerte vibración que me sacudió de la cabeza a los pies. Me sentí transportado a otro plano, a otra dimensión. Vi a varias personas reunidas en un salón muy iluminado. Estaban contando sus experiencias en la vida que tuvieron en la Tierra y cómo desencarnaron. Obviamente, me interesaron muchísimo todas esas experiencias. Me senté en una esquina para escuchar y me di cuenta de que dios no notaban mi presencia, sin embargo, yo los veía y escuchaba perfectamente. Pensé que así era mucho mejor. Se paró un señor de unos cincuenta años de edad, miró a los ojos y comenzó a relatar lo siguiente:

—*Yo estaba muy enfermo: tenía cáncer en los pulmones pues fui un fumador empedernido, no solo de cigarrillos, sino que también fumaba tabacos. Me hicieron tratamientos naturales, tomé todo tipo de menjunjes, pero no me curaron. Los médicos recomendaron sesiones de quimioterapia, pero fue peor el remedio que la enfermedad, pues me sentía muy mal y no veía ninguna mejoría física. Tosía y escupía sangre, no podía respirar bien y me cansaba hasta para ir al baño. Me recomendaron ir a ver a un psíquico que trabajaba junto con un médico alemán. Como me sentía desesperado, decidí que me llevaran. La cola de personas que esperaban para ser, unidas era impresionante y, al mismo tiempo, deprimente. Fui tres veces: el psíquico me ponía las manos en la espalda y yo sentía un calor tan intenso que me perforaba los pulmones. Me sentí con una renovada esperanza de curarme, pero lamentablemente no sirvió de nada, pues empeoré y a los tres días del último tratamiento amanecí muy mal, mareado y como flotando. Ese mismo día desencarné.*

Me vi fuera de mi cuerpo. Vi a mis hijos y a mi esposa llorando. También llegaron varios de mis amigos. Al parecer, mi muerte no sorprendió a nadie, pues los médicos ya me habían desahuciado. Todos lo sabían menos yo. Claro, yo sabía que estaba muy enfermo, pero pensé que podía superar la enfermedad y ganarle la batalla a la muerte, pero lamentablemente no fue así. Mi familia sabía que yo deseaba ser cremado y mis cenizas tiradas a algún río, a algún lago o al mar. Me sentí muy extraño, pues quería hablar con mi familia, con mis amigos, comunicarme con ellos, pero no me oían ni me veían, estaban muy ocupados preparando todo para mi velatorio y cremación.

Todo era muy raro: yo estaba allí pero también estaba en otro lugar desconocido. Sentía que me halaban hacia este sitio, pero el temor a lo desconocido me anclaba a mi casa, a mi gente. Quise aferrarme a mis amigos, pero simplemente me ignoraban, no se daban cuenta de que yo estaba a su lado, viéndolos, oyéndolos hacer comentarios sobre mi enfermedad y fallecimiento. Toda esta situación me produjo una gran intranquilidad, me sentía perdido, solo y abandonado.

De pronto todo estaba oscuro a mí alrededor. Quedé como dormido. Me sobresalté al ver mi cuerpo en el horno, ardiendo. Me estaban cremando, pero yo no sentía nada, ni calor ni frío. ¡Qué sensación tan rara! Lo veía todo, estaba consciente de todo. Vi a mis hijos, a mi mujer y a mis amigos y conocidos reunidos. Me entró una gran tristeza, sentí un vacío y quedé sumido en un letargo. Realmente no sé cuánto tiempo pasó: no vi a nadie, no hable con nadie, simplemente estaba en un sitio, en un lugar extraño para mí, pero estaba tranquilo en cierto modo. Ni siquiera podría describir con claridad qué sentía o qué pensaba, hasta que me vi en este lugar y me encontré con todos ustedes. Al verme acompañado me sentí mucho mejor y aquí estoy contando mi experiencia en la muerte, aunque no me siento muerto, tampoco me siento como antes, no puedo explicarlo, pues no lo entiendo.

OTRA EXPERIENCIA

A continuación se levantó una mujer joven con deseos de contar también su experiencia. Se veía muy nerviosa e intranquila. Comenzó relatando su trance:

—Estaba manejando mi carro. No iba muy rápido. Estaba pensando en mis hijos y en un problema que tuve con mi suegra, tonterías, pero que afectan las relaciones. A raíz de eso tuve una discusión con mi esposo y terminamos molesto. Mientras esos pensamientos revoloteaban en mi mente y la angustia se apoderaba de mí, ya que me veía impotente para solucionar el problema, sentí un fuerte golpe por detrás y el carro se volteó y dio varias vueltas hasta chocar con un poste de luz y quedar incrustado en él. Yo me baje inmediatamente del carro para ver qué había pasado: di la vuelta al carro y cuál fue mi sorpresa cuando me vi a mí misma doblada sobre el volante con la cabeza ladeada de una manera grotesca. Me asusté muchísimo y no sabía qué hacer. Llegó la policía, los bomberos y una ambulancia. Me sacaron del carro y metieron mi cuerpo en la ambulancia. Yo me metí también, para saber a dónde me llevarían. Los paramédicos, comentaron: "Que mujer tan bonita. Venir a morir de esta manera". Me sentí ahogada y no podía

hablar. Quería decirles que había un malentendido, que yo no estaba muerta, ellos no me oían, yo era invisible para ellos.

Llegamos al hospital y me sacaron envuelta. Me metieron en un cuarto frío y allí sentí un jalón muy fuerte y, de ¡pronto! me vi en la casa. Los niños todavía no habían llegado del colegio y mi esposo estaba en el trabajo. Pensé en mi madre, tenía que contarle que creían que estaba muerta, que un cuerpo estaba en el hospital. Pero yo no estaba muerta, yo estaba consciente y viva. Me vi en casa de mi madre. Ella estaba en la cocina, preparando algo de comer. La saludé y comencé a contarle lo que pasó, pero no me prestaba atención y seguía ocupada en la cocina. Mi desesperación fue haciendo. No entendía cómo mi cuerpo estaba en el hospital y yo estaba en casa de mi madre. Abracé a mi madre y me puse a llorar desconsoladamente. Ella parecía no darse cuenta de mi presencia, me ignoraba y yo no entendía por qué. En eso sonó el teléfono y mi madre atendió la llamada. No sé lo que le dijeron ni quién había llamado, pero mi madre dio un grito y se puso a llorar. Traté de hablar con ella para saber qué había pasado, pero todo era en vano: ella me seguía ignorando y no se percató de que yo estaba a su lado, abrazándola.

La angustia, el miedo y la desesperación se apoderaron de mí. No entendía nada, todo era extraño, confuso. Luego entré en una especie de letargo: todo se oscureció a mi alrededor. No sé cuánto tiempo estuve en ese estado que aún no puedo definir: no estaba dormida pero tampoco despierta. Cuando se hizo la luz a mí alrededor, vi a mi lado una viejita que me sonrió con mucha dulzura, me tomó de la mano y me llevó hasta un banco. Nos sentamos y yo le pregunté si me veía. Ella, sonriendo, me dijo que sí, que me veía y me podía tocar. Entonces le pregunté por qué los demás, incluso mi madre, no me tomaban en cuenta. "Hija mía", me dijo, "has desencarnado: tu cuerpo ha muerto y tú estás, en espíritu, en este plano donde han venido muchos espíritus desencarnados. Aquí son seleccionados para ir al plano espiritual que les corresponde". "Si es así y he muerto", le pregunté, "¿qué será de mis hijos y de mi esposo, mi madre, mis amigos?" "Todos ellos quedaron atrás. Ya no perteneces al lugar donde ellos están". Le dije que quería verlos por última vez. "No te lo recomiendo", dijo la viejita, "pues vas a sufrir mucho al verlos porque ellos no te podrán ver a ti".

Ella insistió en volver a ver a su familia. De pronto se vio en su casa: su esposo tenía abrazados a los niños y les decía que su mamá estaba en el cielo. La mamá de ella y su suegra lloraban abrazadas. Ella abrazó a sus hijos, pero solo sentía vacío. Comprendió en ese instante lo que le había dicho la viejita. Luego se vio rodeada de un grupo de personas.

—*Y me encontré aquí con ustedes* —continuó—, *asombrada de cómo cambió todo después de fallecer en el accidente. Todavía no he podido asimilar lo que me pasó: estoy muerta, pero veo, oigo, siento, pienso y actúo.*

Necesito que me ayuden a entender dónde estoy y qué pasará conmigo de ahora en adelante, que estoy sola y sin mi familia.

EL CASO DE RAFAEL

A continuación se paró otro hombre, joven y atlético. Dijo llamarse Rafael.

—*Necesito contarles mi experiencia para que me ayuden a comprender qué hago aquí. He escuchado las versiones de dos personas que dicen haber muerto. Pero yo no me siento muerto, aunque sí distinto. ¿No hay nadie que me pueda orientar, que me pueda explicar?*

Una señora mayor le dijo:

—*Todos aquí estamos en la misma situación: confundidos y esperando recibir alguna explicación. Pero cuéntenos qué le paso y cómo llegó hasta aquí.*

El hombre joven prosiguió:

—*Yo siempre fui un hombre muy sano: cuide mi salud, no me trasnochaba, no tomaba licor, comía sanamente y sobre todo hacía muchos ejercicios. Estaba inscrito en un gimnasio, al cual iba religiosamente. Me sentía orgulloso de mi cuerpo, musculoso y atlético. Entró al gimnasio un compañero que tenía un cuerpo espectacular, había desarrollado sus músculos a la perfección. Yo lo admiraba y siempre le preguntaba qué tipo de ejercicios había hecho, pero él me contestaba que los normales. Esto no me satisfizo, pero no aceptaba así. Cuando pasó el tiempo y nos hicimos más amigos, un día me confesó que tomaba unos productos para acelerar el desarrollo de sus músculos y con ellos logró formar su cuerpo. Naturalmente, le pedí que me dijera qué productos eran y* así lo hizo. Yo, ni corto ni perezoso, comencé a tomarlos sin consultar con nadie y efectivamente, mis músculos se fueron desarrollando con mayor rapidez y volumen. Así seguí durante más de un año. Me sentía fabuloso y orgulloso de mi cuerpo. Todos me admiraban.

Un día amanecí fatigado, con un cansancio extraño. Supuse que eran los ejercicios en el gimnasio, pero aunque reduje las horas de entrenamiento, seguía con el malestar y el cansancio. Una noche me sentí peor que las demás: me acosté angustiado, intranquilo y muy preocupado. Me dije a mí mismo que al día siguiente iría al médico, para ver qué tenía realmente. En la madrugada me sentí asfixiado, no podía respirar. Hice el esfuerzo de respirar y de repente me vi parado al lado de la cama. Vi a mi mujer acostada durmiendo profundamente. Y cuál no sería mi susto: yo estaba acostado a su lado. No entendía nada de lo que estaba pasando. Traté de llamar a mi esposa pero no me oía, seguía durmiendo. Me miré a mí mismo: estaba pálido, no respiraba. Entonces pensé que *quizás estaba muerto, pero yo me sentía vivo. ¡Qué confusión tan grande! No entendía nada. Comencé a caer en un letargo y entré como en un túnel muy oscuro. Al final vi una luz muy fuerte. Me dirigí hacia ella y salí del túnel, encontrándome con ustedes. Aquí estoy, tan confundido como antes, esperando que me explique alguien qué es todo esto, dónde estoy y por qué estoy aquí si me morí.*

Luego le tocó el turno a otro hombre:

—Yo quiero contar mi experiencia también, pues no pienso que estemos muertos. ¿O sí? Yo soy ingeniero civil. Estaba inspeccionando un edificio y, en el séptimo nivel, pise una tabla que estaba suelta, caí al vacío y me estrellé contra el piso. Inmediatamente me rodearon trabajadores y dos ingenieros amigos. Llamaron a una ambulancia y me llevaron al hospital, pero lo curioso es que yo vi y viví todo esto. Por lo tanto, no estaba muerto. No entendía nada. Me sentía extraño, como si estuviera y no estuviera en este mundo. Mientras estaba en una camilla, en el

hospital, me vi en mi casa: estaba en la cocina al lado de mi esposa, le estaba contando lo que me sucedió, pero ella parecía indiferente, como si no me oyera. La abracé pero no la sentí, era como si abrazara aire, vacío... me asuste muchísimo. Entré en pánico y todo a mí alrededor se convirtió en oscuridad.

No sé cuánto tiempo pasé en ese estado de inercia y oscuridad. Luego me vi, de pronto, en casa de mis padres. Les pasó igual que con mi esposa: no me vieron ni me oyeron, simplemente me di cuenta de que me ignoraron, pues no me veían. La desesperación fue creciendo y el miedo y la incertidumbre se fueron apoderando de mí. Empecé a gritar, a pedir ayuda. Sentí un tirón muy fuerte. Vi una luz muy intensa y me sentí atraído hacia ella. Entré como en un tubo que me succionaba y me sentí volando a gran velocidad. De repente me vi en este cuarto, con todos ustedes. Me sentí mejor por estar acompañado, pero tengo muchas dudas y muchas preguntas, pues no entiendo nada de lo que me pasó, y si caí de una gran altura y me morí, como estoy aquí y me siento vivo, solo que muy raro, como si estuviera en una nueva condición de vida que no entiendo. ¿Hay alguien aquí que me pueda explicar mi condición?.

Todos los presentes se quedaron callados, pues ninguno entienda nada, todos estaban confundidos, esperando tener respuestas a tantas incógnitas.

Yo me sentí extraño en ese salón, con tanta gente fallecida pero que no estaban conscientes de su estado real, como .tuvieran en un limbo, entre el mundo de los vivos y el mundo de los muertos.

Después de un largo silencio, una chica adolescente se paró y se dispuso a contar su trance:

—*Yo estaba en una fiesta con un grupo de amigos, celebrando el cumpleaños de Rina, una compañera de clases. Nos divertimos mucho: bailamos, tomamos mucho y consumimos drogas, como lo hacíamos siempre en las reuniones. Pero esta vez, en mi caso, me excedí, y como* estaba borracha, consumía todo lo que me ofrecían. Fue una gran mezcla. Comencé a sentirme mal. Nadie me auxilió porque todos estaban en su nota: muy borrachos y muy drogados. Caí como en una especie de sueño que era entre realidad y fantasía. Vi muchos episodios de mi vida: recordé situaciones familiares, advertencias de mis padres diciéndome que me cuidara y que no consumiera drogas, pero nunca les hice caso. De alguna manera estaba consciente de que había fallecido. Estaba muerta, aunque estaba consciente de todo. Me sentí flotando sin rumbo. Me vi sola sobre una mesa de metal, con mis padres afuera, llorando; mi hermana con un ataque, gritando desconsolada; mis abuelos no podían creer lo que había sucedido. "Murió por sobredosis de droga", dijo el médico. "¿Cómo puede ser, ella consumía drogas?", dijo mi abuela, "¿Ustedes lo sabían?", refiriéndose a mis padres, "¿por qué no hicieron algo?" Yo me sentí desesperada. Quería explicarles que mis padres me advirtieron del peligro, pero los consejos de los *amigos pudieron más y esto me llevó al final. Me dio tristeza, una tristeza muy grande me envolvió. Pensé en mis padres, en mi hermana, en mis abuelos, en mis amigos y en mi perro Riky, a quienes nunca más vería. Pensé: "Si solo tuviera la oportunidad de regresar el tiempo y no cometer los errores que cometí y no terminar mi vida como lo hice". Pero dentro de mí, una voz me dijo que no había regreso, que lo hecho, hecho está, que tenía que enfrentar mi destino, el mismo que yo elegí, equivocado, sí, pero yo misma, pese a todos los consejos y regaños, lo decidí así. Yo sí estoy consciente de que morí, de que ya no tengo mi cuerpo físico, de que tengo otro cuerpo. No sé dónde estoy ni qué pasará conmigo, pero ya sé que no pertenezco al mundo en el cual solía vivir, que estoy en otro lado, no sé cómo ni por qué, pero así es.*

Me sentí impresionado por los relatos. Todavía no entendía cómo y por qué se habían reunido todas estas personas en ese sitio y por qué debía yo asistir a sus relatos. Eran misterios sobre misterios.

Mientras yo reflexionaba, se paró un señor mayor a contar su tránsito entre el mundo de los vivos y el mundo de los muertos. El señor comenzó su relato así:

—*Yo estaba muy enfermo, también tenía cáncer en los pulmones, pues había fumado casi toda mi vida. ¡Comencé a los 15 años! Me hicieron quimioterapia, tomé remedios naturales, pero realmente nada funcionó, pues ya mi enfermedad estaba muy avanzada. Cada día me sentía peor y estaba consciente de que no tenía cura y de que los médicos me habían desahuciado. Claro, a mí no me lo dijeron: mi familia sabía, pero me lo ocultaban, como si yo no lo supiera o fuera un tonto. Yo les seguía el fuego. Necesitaba mi bombona de oxígeno para respirar, cada día estaba más débil y desmoralizado, pensando cómo sería mi fin, cómo era la muerte, si había algo después o todo se acabaría para mí… entró un gran temor y caí en una terrible depresión. Yo fui siempre un hombre muy activo, emprendedor y no me gustaba la vida que estaba obligado a llevar, dependiendo de mis familiares.*

Me sentía cada día más inútil. Decidí que no podía esperar a la muerte, que iría a su encuentro: decidí suicidarme, pues si no tenía remedio, para que esperar seis meses más, viviendo en agonía y haciendo sufrir a mis seres queridos.

Esa mañana, aproveché que solo estaba mi nieta y le pedí que me llevara a la biblioteca. Le dije que iba a revisar unos papeles y que me dejara solo. Saqué del escritorio mi pistola y me preparé para morir. ¿Que si dudé? ¡Claro que dudé! El miedo se apoderó de mí, pero la realidad de mí ya maltrecha vida me ayudó a tener las fuerzas para dispararme en la sien. Me vi muerto, sangrando, y a mi nieta gritando y llorando desesperadamente. Quise consolarla, explicarle mis motivos, pero no me escuchaba, ni me veía. Me entró una gran desesperación y sentí que entraba en un túnel estrecho y muy oscuro. Allí estuve mucho tiempo, aunque no estoy seguro, pero sufrí mucho. Pensé en el dolor que le cause a mi familia y me entró la duda de si había cometido un pecado al atentar contra mi propia vida, si Dios me iba a castigar para ello. Yo había leído muchos libros esotéricos, tenía algo de conocimiento espiritual, pero la certeza de que había vida después de la muerte no la tenía. Me sentía vivo. No pude ver bien porque todo estaba oscuro. 'También me sentía culpable y temeroso, con una tremenda angustia espiritual, pero estaba consciente de mí mismo, por lo tanto estaba viviendo en otro plano de existencia y no había muerto: estaba consciente de haber cambiado, no sabía exactamente cómo ni cuánto había cambiado, pero lo importante era que me sentía vivo. Ahora espero el próximo paso a seguir: ¿me va a juzgar Dios? ¿Me mandará al infierno, a pagar mi error? ¿Seré perdonado? No lo sé. Tengo gran confusión. Muchas gracias por escucharme.*

CONTACTO 10

Continuaba yo en mis reflexiones acerca de todos los relatos que había escuchado, pensando que la muerte se manifiesta de diferentes maneras, en diferentes circunstancias, para cumplir con las leyes espirituales y hacer cruzar a los seres de un plano de existencia a otro. Hay vida en el plano material que conocemos y en el cual vivimos y evolucionamos, y también hay vida en el plano espiritual, en el cual también se evoluciona, pero con otro cuerpo más sutil, y sin la necesidad de alimentarse, de trabajar para ganar dinero y cubrir gastos. Yo me pregunto: ¿los seres siguen iguales al traspasar el umbral de la muerte? ¿Se sienten igual? ¿Piensan igual? ¿Actúan igual? ¿Tienen los mismos vicios y las mismas virtudes? ¿Qué cambios suceden realmente con la muerte? Hay que contactarse con los que están del otro lado de la vida para ver si podemos averiguar y descifrar los misterios de la muerte.

Yo seguía meditando, pensando en todos los familiares y amigos que han fallecido: ¿dónde estarán ahora? ¿Qué cambios han sufrido? ¿Qué conocimientos han adquirido? ¿Han evolucionado, se han superado, son mejores ahora espiritualmente que cuando vivían en la Tierra? Cuántas preguntas, cuántos enigmas rodean la vida y, en especial, al ser humano.

De pronto sentí una sacudida y me vi en un gran salón, muy iluminado, con mucha gente reunida. Todos se veían alterados: algunos lloraban, otros gritaban, unos estaban como dormidos y a otros se les notaba una gran confusión, como si no supieran dónde se encontraban. Entraron doce hombres vestidos de blanco. Yo los vi comunes y corrientes, hablando entre sí, pero no lograba entender lo que decían ni en qué idioma hablaban. Vi cómo iban señalando a las personas, formando diferentes grupos, había doce filas también. No entendí cómo estaban seleccionando a las personas, pero había doce filas muy largas y cada una de ellas salió por una puerta diferente. Cuando entré al salón, no me, di cuenta si realmente había puertas, pero las personas iban tomo autómatas, una detrás de otra. El salón quedo solo y yo quise salir detrás del último grupo, pero un hombre alto y de aspecto venerable me detuvo y me dijo:

—Usted no pertenece aquí, usted es solo un espectador al cual se le permite el acceso a ciertos lugares para que aprenda sobre este lado de la vida y lo transmita a sus congéneres.

—¿Podría contestar algunas de mis dudas, aclarar ciertos misterios?

—Tengo permiso para contestar a sus inquietudes y aclarar dudas, esto hasta donde alcance mi conocimiento, pues hay planos diferentes y lugares a los cuales no tengo

acceso y no sé qué mecanismos actúan allí, pues mi lugar y mi trabajo es aquí.

—¿Qué es este lugar?

—*Este es uno de los muchos lugares de recolección de las almas que han pasado de plano.*

—¿Cuál es su trabajo aquí?

—*Mi tarea y la de mis compañeros es la de seleccionar las diferentes almas según su evolución espiritual.*

—¿Cómo hacen esa selección?

—*Por el aura de cada una de esas personas.*

—¿Adónde los mandan?

—*Las que tienen vibraciones similares, tienen evolución similar, y van a un plano determinado. A los de menor evolución les toca otro plano. También se seleccionan las personas que han cometido errores graves: ellos van a un plano de expiación especial, donde analizan sus vidas, sus errores y se les da un descanso. Después se preparan para su siguiente reencarnación, para poder corregir sus errores y saldar deudas kármicas.*

—¿Quién los juzga?

—*Son juzgados por sus propias consciencias y a veces son más duros con ellos mismos que si fueran juzgados por otros.*

—¿Cuántos planos hay aquí?

—*Aquí hay treinta y seis planos de vibraciones diferentes.*

—¿Cuánto tiempo tarda un alma en volver a reencarnar?

—*Depende de su karma. Hay almas que prácticamente mueren y reencarnan casi de inmediato, otras necesitan más tiempo para analizar sus vidas. Otras, las que no reconocen sus errores y se niegan a reencarnar para pagar sus deudas, son tratadas por el tribunal kármico, hasta que hacen consciencia y reconocen sus errores. A ninguna se le obliga a nada, simplemente, cada una pasa por diferentes procesos, en diferentes planos vibracionales, hasta que hacen consciencia y deciden seguir evolucionando. Hay seres que fallecen pero deciden permanecer en el plano material y no ascienden, no llegan acá. Ellos viven penando, pues están en un limbo entre dos mundos, entre dos planos, entre dos realidades diferentes. Esos seres están muy apegados a la vida material y pueden tardar mucho tiempo en hacer consciencia, a menos que algún guía se apiade de ellos y los lleve al plano que les corresponde, pero si ese ser no quiere seguir al guía, se respeta su libre albedrío.*

—¿Puede aclararme otras dudas que tengo?

—*Ahora mismo no puede ser.*

—¿Podemos volver a contactarnos?

—*Lo dudo. Seguramente será con otro guía. Yo me tengo que ir pues tengo trabajo que realizar y usted debe de regresar a su mundo. No puede permanecer demasiado tiempo aquí.*

Me vi sentado en el patio de mi casa. Mi mente estaba Mi llena de informaciones, pero con gran inquietud por saber mucho más. Todavía quedaba mucho que aprender.

CONTACTO 11

Me llamó mucho la atención el salón donde se reunían diversas personas y contaban sus experiencias y sus temores iniciales hacia otros planos.

Me trasladé mentalmente al gran salón donde ya había estado anteriormente, pero al llegar me di cuenta de que no era el mismo: no era tan grande como el otro, pero había mucha gente y en las diferentes puertas había guardianes. Lo supe porque todos ellos vestían de color azul claro, tenían un cinturón dorado y calzaban sandalias también doradas.

Pasé desapercibido, como la vez anterior, y me quedé en un rincón para observar y escuchar lo que acontecía allí.

Un niño estaba hablando, tembloroso, pidiendo ver a su madre. Una señora le preguntó qué le había pasado. El niño respondió:

—*Yo estaba con mi hermano y mi mamá en el club, estábamos bañándonos en la piscina. Yo me tiré del tobogán, fiera al caer me pegué en la cabeza, me desmayé y caí al fondo de la piscina. Vi cómo me sacaron y cómo mi mamá estaba gritando desesperada. Había un señor que estaba tratando de revivirme. Mi hermano lloraba y todos estaban a un alrededor. Yo quise decirles que estaba bien, que no se preocuparan, pero al ver mi cuerpo tirado en el suelo, me dio mucho miedo. Traté de hablarle a mi mamá pero no me escuchaba. ¡Nadie me veía!*

Entre en un túnel oscuro, tenía frío y mucho miedo. Quería estar en mi casa con mi mamá, con mi papá y con mi hermano. De repente me vi en mi casa, vi a mi perro, traté de acariciarlo, pero no me hizo caso. No vi a más nadie allí. Me puse a llorar, pidiendo ver a mi mamá. Entonces volví a encontrarme dentro del túnel, pero esta vez había a mi lado un señor que me tomó de la mano y me dijo que no me preocupara, porque él me iba a llevar a un sitio de descanso. Yo solo quería a mi mamá y ahora estoy aquí. Quiero ir a mi casa, por favor. ¡Llamen a mi mamá!

Naturalmente el niño no estaba consciente de que había fallecido ahogado. ¡Qué gran trabajo el que le espera a su guía espiritual! Y también el de los encargados de ayudar a los fallecidos a hacer consciencia de su situación.

Me acerqué a un grupo de hombres, uno de ellos estaba contando que no entendía lo que le estaba pasando ni por qué estaba allí. Decía que había ido al cine con su novia, que después fueron a cenar, que lo pasaron muy bien y de paso estuvieron planificando su boda. Estaban muy emocionados, y sobre todo enamorados. Al salir del restaurante, caminaron hacia el carro y al llegar, apenas abrió la puerta, sintió un empujón y un golpe en la cabeza. Cayó al piso y su novia comenzó a gritar pidiendo auxilio. Uno de los asaltantes le sacó la cartera, le quitó el reloj y la cadena del cuello, y antes de retirarse, le disparó en la cabeza.

Sintió un jalón muy fuerte y se vio tirado en el suelo, ensangrentado. Su novia lloraba y gritaba pidiendo una ambulancia, pero nadie los auxilió. La confusión fue muy grande, pues se veía herido en el suelo y a la vez estaba parado viendo todo como si fuera un espectador. Trató de calmar a su novia, pero ella no lo veía ni le prestaba atención: estaba ocupada sosteniendo su cuerpo. Entró en pánico. Se aglomeraron muchas personas comentando que lo habían matado. El trató de hablar con algunos y decirles que no estaba muerto, que estaba allí, viendo, oyendo y sintiendo todo, pero le hacía caso. Se vio rodeado de una gran oscuridad. Luego estaba en casa de su mamá. La vio sentada en su sillón favorito, viendo televisión. Él trató de hablar con ella, de contarle lo que le había pasado, pero no le hacía caso, no lo veía. La desesperación iba en aumento. Pensó en su hermano y de inmediato se vio en casa de este: allí estaba con su esposa e hijos. Lo abrazó, pero se sorprendió porque estaba abrazando solo el aire. Le habló, pero no le hacía caso. Su cuñada tampoco lo veía. Intentó también abrazar: a uno de sus sobrinos, pero obtuvo el mismo resultado: el aire. Nadie lo vía y no podía comunicarse con nadie. Se dio cuenta de que el asaltante lo había matado e hizo consciencia de que estaba muerto. Todo a su alrededor se hizo oscuro. Cayó en un letargo, en una inconsciencia total. Cuando regresó a la consciencia, estaba en ese salón, reunido con todas esas personas, y comentando lo que le pasó. Se sentía frustrado, pues pensaba casarse pronto, iba a asociarse con un amigo en un buen negocio, tenía tantos planes... ¿Dónde quedaba todo? ¿Por qué le sucedió todo esto en su mejor momento? Sintió ahogo y todo se hizo negro a su alrededor.

Una viejita se paró luego y preguntó por una persona llamada Perla. Nadie le contestó y la señora se puso a llorar. Comenzó a recordar el día en que murió su hermana Perla:

—*Somos muy unidas, inseparables. Somos las últimas de nuestra familia. Todos han muerto ya. Siempre habíamos dicho que al morir nos íbamos a encontrar en el cielo. Para mí fue un duro golpe la muerte de mi hermana, pues había quedado muy sola y a medida que pasaban los días, deseaba morir también, para reencontrarme con ella. Tanto fue mi deseo de abandonar el mundo físico, que a los pocos meses estaba muy enferma y se cumplió mi deseo de morir. Aquí estoy, pero no he visto a mi hermana. ¿Dónde estará? ¿Por qué no me esperó? Estaba sola y triste allá y ahora estoy sola y triste aquí también. ¡No es justo!*

Quedé conmovido con lo que dijo la anciana, pero hay que entender que cada persona tiene su karma, tiene su destino, y aunque fueron hermanas, muy unidas, cada una de ellas tiene su propio camino, y por ende, va a un plano diferente de evolución. La mayoría de las personas, al fallecer, no se encuentran en el astral, pero a veces sí les toca, por karma, reencontrarse en el plano material al reencarnar, pero sin reconocerse, sin saber o recordar los nexos que los unieron en una reencarnación previa. Se bloquea la memoria para que las lecciones se puedan aprender, para que el karma se pueda cumplir: no debe haber recuerdos de otras vidas ni de otras personas con las cuales se ha estado ligado, tanto para bien como en situaciones adversas y negativas.

¡Qué complejo es todo! Pero está bien estructurado, pues funciona, aunque no podamos entender el mecanismo psíquico-físico de la vida.

Segunda parte

NACER, MORIR Y VOLVER A NACER

La vida del alma no acaba

El gran enigma de la vida es la muerte: todos queremos saber cuál es el mecanismo, qué sucede realmente cuando pasamos al más allá. Tantas preguntas y tan pocas respuestas para aclarar este misterio que, aun cuando la muerte es lo más común, también es cierto que es un tema misterioso y lleno de incógnitas que ha ocupado a los grandes filósofos y pensadores de todos los tiempos, sin que hayan podido llegar a una conclusión, sin dar respuestas claras a todas las inquietudes que surgen en torno a este tema.

La idea de la reencarnación parte de dos supuestos muy mutuos. El primero es la existencia del alma. Por esta se entiende una esencia inmaterial y particular de cada ser humano que le da sus propias características y constituye la clave de su identidad. De acuerdo con esta visión, el alma coexiste con el organismo biológico de los individuos pero, al ser inmaterial, no se encuentra sujeta a las mismas leyes de esté. Es decir, no se corrompe con la enfermedad ni sufre los efectos de la degradación física.

El segundo supuesto es que al ser independiente del cuerpo, el alma no muere cuando este se extingue y puede seguir existiendo de diversas maneras, aunque la carne y los huesos que la alojaron queden reducidos a polvo.

Estas presunciones están en la base de muchas religiones del planeta y de muchas doctrinas filosóficas que, a lo largo de los siglos, han dedicado sus esfuerzos a probar la existencia del alma y a investigar la manera en que esta se relaciona con el cuerpo. Estas ideas permiten advertir dos factores importantes que sustentan la creencia en la reencarnación. En primer lugar, sirve para renunciar a la idea de la muerte como un final definitivo de la existencia: creer esto nos consuela con respecto a la muerte, sobre todo de las personas que queremos, y a la vez calma los temores que tenemos con respecto a nuestra propia muerte. Por otra parte, nos hace pensar que la vida presente es una oportunidad de superación a través de nuestras acciones: perfeccionar el alma nos garantiza reencarnar en formas más gratas de existencia o elevarnos en el mundo espiritual, aprendiendo todas las lecciones de esta escuela llamada Tierra, y no tener que volver a reencarnar en un cuerpo físico que, en algunos casos, puede ser una cárcel para el alma.

Estas creencias, que cobraron gran interés en la cultura occidental, guardan una inquietante semejanza con el pensamiento oriental que tal vez les dieron origen. Aunque en las escrituras más antiguas del hinduismo no se hablan de la reencarnación, en etapas posteriores el fenómeno se convirtió en uno de sus ejes principales. En esa religión las transmigraciones del alma también están dictadas por el valor moral de las acciones.

En una sociedad con graves desigualdades, debido al sistema de castas, la creencia en la reencarnación sirve como medio para resignarse frente al sufrimiento presente. Cuando alguna persona padece un grave infortunio se dice que está pagando por sus errores pasados: en alguna existencia anterior, cometió pecados o ciertos errores y ahora le toca pagarlos. Este proceso puede extenderse por tiempo indefinido, hasta que se logre saldar las deudas, a través de actos positivos que puedan resarcir los actos negativos y errores del pasado, ya sea cercano o lejano.

En la religión budista es muy similar: a lo largo de sus los encarnaciones, el alma va acumulando la suma de sus acciones morales. Las acciones negativas generan karma

Y las positivas lo disminuyen y, algunas veces, hasta lo anulan, cuando hay méritos suficientes. A mayor degradación moral, peores reencarnaciones. La liberación del karma nos conduce al final del ciclo de reencarnaciones, para lograr la iluminación final o el Nirvana.

A través de las diferentes reencarnaciones se va depurando el alma, superando y trascendiendo los deseos mundanos. De este modo, en Oriente y en Occidente la creencia en la reencarnación ha sido una forma de explicar las injusticias de la vida y las desgracias y vicisitudes de la existencia del ser humano en su paso por este plano de existencia y de aprendizaje que es el planeta Tierra.

Aunque el cristianismo defiende la existencia del alma y su inmortalidad, por motivos muy semejantes a los de esas antiguas religiones orientales, nunca aceptó la idea de la reencarnación o la transmigración de las almas. Esto se debe a una razón muy sencilla: el cristianismo acepta la resurrección cuando las almas de los justos vuelven a ocupar los cuerpos que tuvieron en vida. Esto es por eso que en esta religión no se acepta la cremación, pues podría ocurrir que el alma, deseosa de reencarnar, hallara su antiguo cuerpo hecho polvo. Esta es una teoría bastante improbable, pues a través de la reencarnación se tiene la posibilidad de tener un nuevo cuerpo cada vez.

En este mundo tan complejo en el cual vivimos, si quitamos la realidad de la reencarnación, estaríamos ante otros dilemas: los que creen en Dios, Energía Suprema, Mente Cósmica o como deseen llamarlo, pensarían que no es justo, pues si existe una sola vida, y Dios es justo como se piensa, todos deberíamos vivir bien o mal, sin grandes diferencias, pues al ser todos hijos de Dios, deberíamos estar en iguales condiciones para una sola vida. Sin embargo, no sucede así. Hay tantas diferencias entre los seres humanos: unos viven en la opulencia y otros en la miseria; unos sufren enfermedades y otros gozan de excelente salud; unos viven muchos años mientras que otros ni siquiera llegan a nacer o mueren muy jóvenes; unos tienen suerte en todo y otros no logran el éxito en nada de lo que hacen; unos tienen amor y otros mueren solos; unos tienen muchos hijos que ni siquiera pueden mantener y otros con mucho dinero, que darían lo que fuera por tener siquiera un solo hijo, no lo logran.

Si realmente existe una sola vida, una sola oportunidad de venir a este mundo, ante tantas injusticias, ¿dónde queda Dios? ¿Dónde está su amor hacia todos sus hijos? No podemos pensar que Dios es injusto o que hay algo más. Para los que no creen en Dios, esto puede parecer un caos completo, sin sentido, sin orden: todo lo que sucede es casualidad y quien tiene más suerte le va mejor dentro de este maremágnum que es la vida. Pero con la reencarnación como un hecho innegable se explican todas estas situaciones aparentemente injustas, inhumanas: todo está regido por la ley de causa y efecto, la ley del karma y del dharma.

Venimos al mundo a aprender y a superarnos espiritualmente a través de muchas reencarnaciones, de muchas vidas diferentes, con situaciones diferentes y personas con las cuales nos reencontramos, vida tras vida, para pagar nuestros karmas y disfrutar de los dharmas.

Este planeta es una escuela a la que se viene a superar pruebas, corregir errores y evolucionar; donde cada acto de nuestra existencia tiene su repercusión: todo lo que se hace y se piensa, tiene su acción y su reacción.

ALMA VIAJERA INCANSABLE

El concepto de la reencarnación es uno de los cimientos de la consciencia humana. Desde tiempos muy remotos, cada cultura ha reconocido la idea de que la vida no se detiene ni se acaba con la muerte física. Los materialistas han atacado fuertemente esta antigua sabiduría, la cual explica incertidumbre humana, los problemas y las aparente injusticias que se suceden a diario en la vida de cada uno de los habitantes de este mundo.

Después de que se comprenda el hecho de que hemos estado aquí antes, no solo una vez, sino muchas veces y en muy distintas circunstancias, tendremos muchas otras interrogantes que contestar, muchos otros misterios que develar.

La reencarnación no es, bajo ningún concepto, un tema insidioso. No se trata de una cuestión de fe o de doctrina, sino un asunto de lógica y razón. A la luz de las asombrosas revelaciones de la ciencia contemporánea, ya no podemos confiar en explicaciones simplistas para dar cuenta de los sucesos de nuestra vida y los acontecimientos cotidianos, a pesar de lo cómodas que esas explicaciones puedan parecer. Ya no podemos descartar acontecimientos inexplicables como lucen meras coincidencias. Se han conseguido grandes logros a través de los siglos, sin embargo la humanidad permanece frágil y vulnerable ante tantos misterios e incógnitas que rodean la vida y la existencia misma del ser humano.

Pese a todos los logros científicos obtenidos, nuestro sufrimiento el de nuestros seres queridos, desde el nacimiento hasta la muerte, todavía nos confunden y nos dejan ante un destino fatalista y cruel, que se ensaña en contra de nosotros.

Sin embargo, hemos penetrado en los recovecos del átomo. En la actualidad, a partir de nuevos descubrimientos científicos sobre la percepción extrasensorial y la relación entre la mente consciente e inconsciente, estamos a punto de descubrir misterios internos de nuestro propio ser. Ahora podemos encontrar, finalmente, respuestas satisfactorias a los enigmas fundamentales de nuestra existencia: encontrar los motivos de nuestros nacimientos y muertes sucesivas.

Si Dios es justo, amoroso y bueno, ¿por qué millones de seres en el mundo llevan una vida de sufrimiento y de miseria, mientras otros seres, no tan buenos, llevan una mejor vida? Esta pregunta es tan antigua como la vida misma, como la humanidad.

Otras de las grandes preguntas son: ¿quién soy? ¿Por qué estoy aquí? ¿Hacia dónde voy? Hasta que estas preguntas sobre nuestra existencia no encuentren respuesta, nada podrá ser respondido; hasta que las razones del dolor hayan sido aclaradas y explicadas, los misterios seguirán mortificando nuestra existencia. Mientras no se pueda encontrar una explicación, nuestra comprensión filosófica de la vida permanecerá incompleta.

Una objeción habitual al concepto de la reencarnación es de naturaleza matemática, si el número de almas es finito y estas siguen retornando a través de la reencarnación, ¿cómo es posible que la población se incremente? Simple: en el cosmos hay muchos planetas habitados, como escuelas, en las cuales hay que pasar de grado, aprender las lecciones del karma que hemos creado con nuestros propios actos para así poder pasar a otros planetas o, si se quiere, otras escuelas, donde continuaremos nuestra evolución, nuestros estudios.

Toda explicación sobre la reencarnación debe, necesariamente, incluir un entendimiento sobre la consciencia: comprender que la consciencia no depende del cerebro físico. Si así fuera, la consciencia moriría con el cuerpo. Cada ser humano se compone de dos partes: el ser físico y el ser espiritual. El cuerpo puede caer en estado de coma, pero el ser interior puede permanecer consciente de todo lo que está ocurriendo. Esto se ha confirmado con estudios realizados sobre experiencias cercanas a la muerte. Cuando cruzamos el umbral que separa la vida de la mal llamada muerte, aunque nuestros recuerdos de la otra dimensión no sean accesibles de forma habitual, siempre están presentes, como bits de memoria en el disco duro de nuestra computadora. Al igual que cualquiera otra forma de energía, esos no pueden ser destruidos: son almacenados y permanecen asequibles a través de cada una de nuestras reencarnaciones.

El proceso físico completo de la concepción y del nacimiento está diseñado esencialmente para proveer al alma de un cuerpo físico, para permitirle venir a este mundo a pagar sus Karmas y a evolucionar espiritualmente. Solo en esta escuela de la vida que es el planeta Tierra se tiene la oportunidad de evolucionar, de superar los problemas, de aprender las lecciones cada día.

Cada una de nuestras reencarnaciones es una continuación de la anterior. Así, incluso una vida muy breve sirve para un propósito, bien sea como una lección para el alma del niño o para los padres desconsolados, los cuales deben de aprender también una lección, pese a lo trágica que puede ser una situación. Así, todo tiene su razón de ser, nada sucede por casualidad.

Desde esta perspectiva, la comprensión de la reencarnación esclarece el problema del mal, de la injusticia, del aparente caos en el cual vivimos: es consecuencia de nuestros errores y debemos vivir en él para aprender las lecciones, para lograr salir del caos y vivir en armonía.

El grado del mal e injusticia sobre la Tierra no tiene ninguna relación con Dios. Guerras, asesinatos, violencia, engaños, estafas, son las consecuencias de millones de almas que luchan por equilibrar sus deudas kármicas y fracasan en el intento. En la mayoría de los casos creando nuevas deudas, nuevos karmas, que complican la vida en el planeta Tierra. Por esto el caos se ve acrecentado en esta era. La presencia del mal tiene su finalidad: que cada uno de nosotros haga una elección.

CONTACTO 12

Me desperté sobresaltado, el corazón me latía desenfrenado y una tremenda angustia me embargaba: había soñado que me encontraba en un salón con mucha gente, todos fallecidos, angustiados, asustados, muchos llorando porque no entendían qué hacían en ese lugar.

Durante todo el día estuve mal, pensando en tanta gente que fallece y está confundida y necesita ayuda, que alguien le explique su estado, que ya no tiene cuerpo físico y que su espíritu vive en otro cuerpo más sutil. Esas personas necesitan saber que, aunque en otro plano de existencia, la vida sigue, la evolución espiritual no se detiene.

En la noche estaba meditando, pensando en la vida en el más allá que, sin duda, está entrelazada con el más acá. De pronto sentí un tirón y me vi en un túnel de luz muy blanca. Veía mucha gente y edificios, praderas y bosques, pero todo pasaba velozmente mientras me desplazaba en la luz. A mi lado había alguien pero no pude distinguir quién era. Sentí que todo me daba vueltas, la luz ahora giraba a mi alrededor como si estuviera dentro de un huracán. Oí una voz que me hablaba pero no podía entender nada de lo que decía. De pronto todo se detuvo, un silencio me rodeaba y me sentí flotando dentro de una nube. Y aunque había luz, no podía ver nada.

Sentí que me llamaban por mi nombre, y entonces, al voltear, vi a una mujer joven vestida al estilo romano. Me sonrió, me tendió su mano y me dijo:

—*Ven conmigo para que aclares las dudas y temores que te inquietan. Mi nombre es Claribel y estoy a cargo de ciertos grupos de personas pertenecientes a la séptima vibración.*

Yo, como buen curioso que soy, inmediatamente le pregunté:

—¿Cuántas vibraciones hay y cómo se sabe a cuál pertenece a cada quién?

—*Existen muchas vibraciones, todo depende del grado evolutivo de cada desencarnado. La selección en cada vibración es natural, por atracción: cada ser va a la vibración o plano evolutivo que le corresponde, es atraído por una afinidad vibracional. En cada plano se aprenden diferentes lecciones, según las necesidades karmáticas de cada quien. Después de esta selección, se explica a cada alma su nuevo estado espiritual y después de que cada uno está consciente de él, entra en el proceso de auto análisis. Muchos necesitan ayuda, pues no aceptan sus errores, y hasta que no lo hagan, no pueden auto juzgarse, pues cada alma se juzga a sí misma: no es un tribunal o Dios quien juzga.*

De acuerdo con la evolución de cada alma, tarda más tarde o temprano en hacer consciencia de su estado, aceptarlo, juzgarse y reencarnar para pagar sus deudas y también para disfrutar de su dharma, ósea, de las cosas buenas que ha hecho en su vida terrestre y las cuales tienen su recompensa.

—¿Cuántas reencarnaciones necesita cada alma para superarse?

Claribel sonrió y me dijo:

—*Cada alma es un ente individual, único. Existen millones de millones de almas en cada plano y todas son diferentes. Se pueden parecer, pero así como las huellas digitales son diferentes en cada ser, así cada alma es única. La evolución de las almas es también individual, pero siempre se reúnen grupos de almas para aprender ciertas lecciones, para crear ciertas situaciones y circunstancias adecuadas y resolver ciertos problemas para poder evolucionar espiritualmente.*

—¿Para qué necesitamos evolucionar?

Claribel se me quedó mirando, con unos ojos de un azul profundo... Pensé: ¿quién es realmente ese ser que dice llamarse Claribel? ¿Será un ángel, un Maestro de Luz? ¿Quién es realmente?

—Cada ser es impelido a evolucionar espiritualmente. Ese empuje que lleva dentro de su alma es una chispa divina. A medida que se va superando evolutivamente cada ser asciende vibratoriamente. Es decir, que aunque se viva físicamente en el plano Tierra, la vibración de esa alma vibra en un plano diferente, más alto vibratoriamente, y se alimenta espiritualmente de esa energía, la cual le da una visión más clara de la vida y de la muerte, de la evolución, del karma y del dharma de cada alma en el tránsito por los mundos del cosmos infinito.

El planeta Tierra es una escuela a la que se viene a aprender ciertas lecciones. Cuando se aprenden, se pasa de grado y ya no hace falta regresar a reencarnar en este plano. Se puede volver a voluntad como maestro si se desea ayudar a otros a evolucionar, o se asciende a otros mundos, donde se aprenderán otras lecciones y se superarán otras pruebas. Así sucesivamente se va escalando poco a poco el conocimiento psicoespiritual superior, y ascendiendo de mundo en mundo, de plano en plano. Tal vez me quiera preguntar hasta dónde llega la evolución, pero eso no lo puedo responder, pues nadie lo sabe hasta no llegar allí.

—¿Por qué está aquí y no ha reencarnado?

—*Porque así lo he elegido.*

—Yo quisiera poder ayudar a otros que se encuentran confundidos y necesitan luz y claridad para su tránsito entre los planos.

—*Yo soy una de las tantas misioneras de la luz que hace esa labor. Y tú estás aquí hablando conmigo porque te preocupas también por tantos seres fallecidos que cambian de plano, pero que no están conscientes de ello.*

A veces pasan cientos de años vagando y penando hasta que en sus almas se hace la luz y hacen consciencia de su estado espiritual.

—En el trayecto de venida hacia acá, en ese tubo o túnel de luz que me trajo, pasé por diferentes sitios: edificios, praderas y bosques. ¿Cómo es esto posible?

—Es exactamente así como lo vio: aquí existe todo lo que existe en el plano material. Todo es creación mental, cada uno está donde debe estar y vive rodeado de lo que quiere y necesita. El hecho de que este sea un plano vibracional más sutil no quiere decir que carecemos de lo que hay en el plano Tierra. Me tengo que ir. Espero haber ayudado a aclarar algunas de sus dudas.

Muchas gracias, pero quisiera hacerle otra pregunta: ¿Po qué justamente me encontré con usted, y por qué me atendió?

—*Nada sucede por casualidad. Todo está programado de alguna manera. Yo me encontraba en este umbral vibracional y usted apareció atraído por ciertas vibraciones, sediento de informaciones para transmitirlas después a otros, y yo cumplí con mi misión de ayudarlo.*

¿Podemos volver a encontrarnos? Aún tengo muchas dudas.

—*Si esta en ley, así será.*

INQUIETUDES

Me quedé pensando, reflexionando sobre tantas de las cosas que todavía hay que aprender, tantos enigmas que descifrar, tanta información que recibí y debía digerir y asimilar.

El ser humano nace con plena consciencia de su propia mortalidad y, por lo tanto, se ve condenado a vivir durante toda su vida temiendo a lo desconocido. Impulsado por la ambición, con frecuencia desperdicia los preciados momentos que posee, haciendo caso omiso de su prójimo. Se complace en el exceso en su egoísta afán por conseguir lama y fortuna, y permite que lo seduzca el mal para llevar la desgracia a las personas que ama de verdad. Su vida tan frágil siempre está pendiendo de un hilo, al borde de una muerte cuya comprensión no le ha sido dada.

La muerte es la que lo iguala todo. Todo nuestro poder y nuestros deseos, todas nuestras esperanzas y nuestros anhelos terminan muriendo con nosotros, enterrados en la tumba. Ajenos a todo, viajamos de manera egoísta hacia el gran sueño, concediendo importancia a cosas que no la tienen, solo para que en el momento más inoportuno nos recuerden lo frágil que es nuestra vida.

Como criaturas emocionales que somos, rezamos a un Dios, de cuya existencia no tenemos pruebas, con una fe desenfrenada y desdeñada meramente para mitigar nuestro primordial miedo a la muerte, a todo lo desconocido, mientras intentamos convencer a nuestro intelecto de que hay otra vida más allá de esta. "Dios es misericordioso, Dios es justo", nos decimos constantemente. Y entonces sucede lo impensable: las desgracias que vemos a diario: muertes inútiles, accidentes inexplicables, enfermedades graves, y una larga lista de hechos terribles e inexplicables para nuestra lógica. ¿Adónde va nuestra fe en esos casos? ¿Qué plan divino puede justificar acciones tan terribles?

Viendo la vida desde esta perspectiva solo podemos pensar en caos, locura, improvisación, desorden total sin plan alguno. ¿Dónde dejamos a Dios? ¿Cuál es el plan divino, hacer sufrir a los seres humanos? ¿Por qué, tanto sufrimiento y penurias en el mundo?

Solo el uno por ciento de los 7.500.000 millones de habitantes del planeta Tierra puede considerarse afortunados y casi felices. Cuando nos hacemos todas esas preguntas, solo podemos llegar a una conclusión: existe un plan divino, hay un orden, existen los porqués, aunque no los podamos comprender. Nada sucede por casualidad, todo tiene una causa y un efecto. Todo es causal.

La explicación más real, lógica y que contesta a todas esas interrogantes es la reencarnación. A través de ella podemos entender todo lo que nos rodea: los porqués de tanta aparente injusticia.

¿Será que el planeta Tierra es un planeta de expiación, una cárcel en el espacio de la cual no podemos escapar? Porque, a veces, ni siquiera a través del suicidio hay escape alguno. Siempre volveremos, con peores castigos, con karmas más fuertes, para aprender las lecciones que no quisimos aprender en nuestra encarnación anterior.

Yo me pregunto: ¿acaso tenemos escapatoria de la ley de la reencarnación?

CONTACTO 13

Estuve meditando, tratando de relajarme y proyectarme por alguna puerta dimensional hacia otro plano, aunque sin resultados: por más que me estaba esforzando, no sucedía nada. No pude concentrarme lo suficiente, me encontraba nulo en el plano Tierra.

Así me encontré un buen rato, pensando en muchas de las cosas que desconocemos, en muchos de los misterios que nos rodean y que quisiéramos descifrar y comprender. Mientras mi mente divagaba, sentí cómo un gran embudo me atraía con fuerza y entré en un remolino de energía luminosa. Diferentes colores me envolvían. Sentí un cosquilleo en todo el cuerpo y seguía dando vueltas. En ese remolino «le luz, sentí una gran aceleración y después una gran tranquilidad y paz me envolvieron.

Delante de mí vi a una muchacha llorando desconsoladamente. Estaba acurrucada en un rincón de una celda pequeña. Yo la estaba observando extrañado pero ella todavía no se había percatado de mi presencia. Cuando lo hizo quiso salir corriendo muy asustada, pero los pies no le respondían y se caía cada vez que intentaba levantarse. Le pregunté cómo se llamaba, pero no me respondía y seguía llorando. Trate de calmarla, le dije que si quería yo la podía ayudar si estaba en mis manos hacerlo, pues realmente no sabía cuál era su problema.

Al fin me dijo que se llamaba Mabel y que no entendía por qué la tenían encerrada en esa celda. Le pregunté qué le pasaba, que por qué estaba llorando, que cuál era su problema. Me dijo que su familia no la quería y que la habían botado de la casa, que sus hermanos no la buscaron nunca y para sus padres estaba muerta. Le pregunté por qué había sucedido todo eso. Mabel me contó lo siguiente:

Ella salía con un grupo de amigos del trabajo, iban a fiestas todos los fines de semana y vivían la vida de manera alocada. Todo iba muy bien hasta que conoció a

Juan y se enamoraron. Él consumía drogas y la convenció de que consumiera también. Iban cambiando de drogas y cada vez consumían otras más fuertes y con mayor frecuencia. Ella perdió el trabajo, pues se la pasaba casi todo el tiempo drogada. Y allí fue cuando comenzaron sus verdaderos problemas, pues en una de esas fiestas, Juan se drogó más de la cuenta y se murió. Nadie se había dado cuenta, pues pensaban que estaba dormido, al día siguiente al encontrarse con la triste realidad, sus amigos, para no verse involucrados con la policía y darles explicaciones a sus padres, se lo llevaron y abandonaron su cuerpo en unos matorrales fuera de la ciudad.

—*Esto me afectó muchísimo*—me contó Mabel—*Me sentí triste, sola y abandonada por todos. Me convertí en una "recogelatas". Para sobrevivir, compartí mi vida con los mendigos. Cuando no recogía latas, robaba lo que podía para tener algo de dinero y seguir consumiendo drogas. Pensé varias veces en regresar a mi casa y pedir ayuda a mi familia, tratar de curarme, pero ya lo había* hecho varias veces y siempre recaía en el consumo de droga. Ya mi familia no creía en mí: "un caso perdido", decían. Y, viéndolo bien, tenían toda la razón: yo me había convertido en una piltrafa humana. Pero lo peor sucedió después. Quedé embarazada y ni siquiera sabía quién era el padre, pues vivía casi todo el tiempo drogada; los mendigos amigos me daban drogas a cambio de sexo. No tenía ninguna consciencia de la realidad en la que vivía.

Un día una amiga que vivía con nuestro grupo, debajo de uno de los puentes de la ciudad, me dijo que mi hijo iba a nacer con graves problemas, que iba a nacer anormal por mi consumo de drogas. Esto me afectó de tal manera que terminé de abandonarme. Ya ni buscaba comida y consumía las drogas que me regalaban mis compañeros. No sé cuánto tiempo estuve así, pero ahora me encuentro acá encerrada y porque, ni tampoco dónde estoy.

Yo me quedé mirándola y supe que había fallecido por una sobredosis de drogas. Entonces le dije:

—Mabel, tú estás en otro plano de existencia: has abandonado tu cuerpo físico y estás en cuerpo astral aquí.

—*¿Dónde es aquí?* —me preguntó.

—Realmente yo tampoco lo sé, pero ya no perteneces al plano de la vida en la Tierra.

Ella no me estaba entendiendo, se veía muy confundida y temerosa.

—*Estoy presa en la policía.*

—No, no estás presa, estás muerta. Te has muerto y has abandonado tu cuerpo físico. Ahora estás en otro plano de existencia.

—*No puede ser. No, no estoy muerta, pues siento, veo y pienso. No puedo estar muerta.*

Miré a mí alrededor a ver si veía a alguien que pudiera ayudarla a entender su nuevo estado espiritual, pero no veía a nadie, estábamos solos los dos. Proyecté mi mente pidiendo ayuda para Mabel. Ella ya no lloraba, se había calmado y me miraba fijamente. Me dijo:

—Ayúdeme, quiero ir a mi casa. Estoy segura de que si me porto bien mi familia me va a perdonar.

Sentí su angustia y su desesperación, pero ella necesitaba otra ayuda, de algún guía que se la llevara al plano que le correspondía. Mientras yo pensaba todo esto, se apareció una fuerte luz que nos envolvió a los dos. No vi a nadie, ni oí nada. Cuando se fue apagando la luz, mi di cuenta de que ya Mabel no estaba a mi lado. Esa luz se la había llevado.

Le deseé paz al alma atormentada de Mabel. Luego sentí un fuerte tirón y me vi sentado y con una fuerte taquicardia. Mi corazón parecía un caballo desbocado, hasta que me tranquilicé y me sentí en paz. Espero haber ayudado en algo a Mabel.

No podía dejar de pensar en cuántas personas como ella muere cada día y necesitan ayuda; cuántos vagan en el plano astral, sin darse cuenta de su estado, hasta que despiertan a la realidad o hasta que reciben ayuda espiritual.

LA REENCARNACIÓN:
UNA VERDAD OLVIDADA

La reencarnación es la creencia según la cual, al morir una persona, su alma se separa del cuerpo que tuvo en vida y después de algún tiempo toma otro cuerpo diferente para volver a nacer en la Tierra. Por lo tanto, cada ser humano pasa por muchas reencarnaciones en diferentes cuerpos.

¿Por qué el alma necesita reencarnar? En una nueva reencarnación, el alma recibe la oportunidad de pagar por los pecados cometidos y tratar de enmendar los errores de su anterior encarnación o, por el contrario, recoger el premio de haber tenido una vida ejemplar. El alma está en continuo movimiento evolutivo y las sucesivas vidas permiten a cada ser tratar de encontrar la perfección, hasta convertirse en un espíritu puro que no necesita volver a reencarnar, pues ya no tiene karma que pagar. Entonces puede volver como maestro para enseñar a los demás o reencarnar en un mundo superior. A la ley de la reencarnación no se le puede escapar nadie.

Así, la reencarnación nos ofrece varias oportunidades para enmendar nuestros errores, pues sería muy injusto arriesgar todo nuestro futuro espiritual en una sola vida, llena angustias, miseria, tristezas y dolorosamente infeliz.

La reencarnación nos permite comenzar de nuevo, y de nuevo, y de nuevo, las veces que haga falta para lograr evolucionar y saldar nuestros karmas y recibir nuestros dharmas.

Por otra parte, el tiempo de una sola vida humana no es suficiente para lograr la perfección necesaria. Esta exige un largo aprendizaje que se va adquiriendo poco a poco.

Ni los mejores hombres se encuentran, al momento de morir, en tal estado de perfección.

La reencarnación también ayuda a explicar ciertos hechos incomprensibles, como por ejemplo que algunas personas sean más inteligentes que otras; que el dolor esté tan desigualmente repartido; las simpatías, las antipatías, la infelicidad, la pobreza extrema, la muerte prematura, sin aparente oportunidad de vivir y evolucionar... Todo esto se puede comprender si se está pagando un karma de una vida interior.

La primera vez que aparece la idea de la reencarnación durante el siglo VII A.C, en la India. Aquellos hombres primitivos, muy ligados aún a la mentalidad agrícola, veían que todas las cosas en la naturaleza, luego de cumplir su ciclo, retornaban. Así el sol salía por la mañana, se ponía en la tarde y luego volvía a salir al día siguiente. La luna llena decrecía, pero regresaba siempre a su plena redondez. Las estrellas repetían las mismas fases y etapas cada año. Las estaciones del verano y el invierno se iban y volvían puntualmente. Los campos, las flores, las lluvias, en todo vieron un movimiento circular de eterno retorno. La vida entera parecía hecha de ciclos que se repetían.

Esta realidad llevó a pensar que también el hombre, al morir, debía regresar otra vez a la Tierra, pero como veían que el cuerpo de los difuntos se descomponían, imaginaron que el alma era la que volvía pero tomando otro cuerpo para regresar a la vida.

Cuando apareció el budismo en la India, en el siglo V A.C, adoptó esta creencia de la reencarnación. Luego esta religión se extendió hacia China, Japón y, más tarde, hacia Grecia y Roma. Así, la reencarnación penetró también en otras religiones que la asumieron entre los elementos de sus creencias y su fe.

No ignoro que lo trascendente es parte de la sutil dimensión que representa algo tan abstracto e incomprensible para el concreto y limitado nivel humano, algo a lo que, con un restringido lenguaje, intento referirme. Algo que yo acepto y considero trascendente para todos.

Es por ello que apelo al discernimiento de cada lector, que es lo único válido al momento de decidir qué posición tomar frente a un hecho que está más allá de los sentidos y de la posibilidad de estudio por medio del método de la experimentación científica.

La certeza solo la tendremos después de cruzar hacia la otra orilla y estando en el más allá. Pero lamentablemente, al volver al más acá, al reencarnar de nuevo, perdemos la memoria de cómo es la vida allá.

La doctrina de la reencarnación parece abrirse camino en diversos ámbitos, y sería interesante que se explicara por qué los cristianos son contrarios a ella. La doctrina de la reencarnación parte de un presupuesto falso: el cuerpo es una cárcel del alma. Para los seguidores de la reencarnación, el alma está llamada a la salvación, no así el cuerpo, del cual hay que deshacerse en sucesivas reencarnaciones hasta lograr la superación espiritual o la iluminación final, donde ya no hace falta un cuerpo físico, solo la energía. La religión cristiana es muy distinta. Según ella, todo lo creado por Dios es Inicuo y está llamado a la salvación. Esto incluye el cuerpo físico.

Pero hay un motivo oculto para explicar por qué la reencarnación, como doctrina, no resulta buena para algunos. Se trata de evitar la idea de que las personas no requieran

De un juicio definitivo ante Dios al momento de morir. En efecto, al pensamiento autosuficiente del hombre actual riñe con el hecho de que vayamos a ser juzgados por Dios, así como con la necesidad de asumir la responsabilidad de vivir esta vida, en una sola y corta vida, jugándonos en ella nuestro destino eterno.

El tema de la reencarnación, aún hoy, se muestra muy controvertido debido a la profunda implicación teológica que conlleva. Basada en la ley de causa y efecto, la posibilidad de tomar posesión de otro cuerpo después de la muerte da al hombre la ocasión extraordinaria de poner en práctica todas las enseñanzas para poner remedio a los errores cometidos en la vida anterior, para poder alcanzar la salvación, la liberación absoluta de los lazos con cuerpo físico, además del conocimiento que permite el dominio del espíritu sobre la materia.

La iglesia católica ha preferido infundir en los fieles el terror al infierno y a la condenación eterna antes que conceder al hombre el conocimiento indispensable para poder elegir y ser independiente de la obediencia ciega o de las promesas de entrar en El Paraíso a través de improbables verjas doradas. La reencarnación, en cambio, es un precioso privilegio de la misericordia del Padre. Muchas almas, de hecho, se aferran a la tierra con la esperanza de poder renacer en nuestro planeta. Solo pasando a través de muchas existencias podemos madurar en la realización de los valores del alma y la raza humana puede mejorar en su conjunto.

Cada uno de nosotros tiene un sitio en el gran cosmos infinito, en el corazón mismo de nuestro universo. Los científicos, por su parte, o mejor digamos que algunos científicos, creen que al morir se acaba todo y no hay nada más, que simplemente desaparecemos.

Sin embargo, actualmente existe una imposibilidad de demostrar la continuidad de la vida después de la muerte, así como la entropía que postula, en pocas palabras, el envejecimiento y continua degradación del universo en formas menos complejas.

También existe una postura muy común ante el hecho de la muerte: la creencia de un cielo y, quizás, de un infierno. Esta teoría no ha sido defendida por nadie, pues parece muy infantil, pero es el fundamento de muchas religiones. Básicamente se refiere a la creencia en un Ser

Trascendental y el hombre, como creación de ese Ser, si cumple adecuadamente las leyes religiosas, obtiene la felicidad y la dicha eterna en un paraíso. En caso contrario será castigado, en una condenación eterna llena de sufrimientos y penurias en el infierno, pues solo hay una oportunidad, una sola vida.

El conocimiento esotérico y las enseñanzas espirituales confirman la reencarnación como un hecho innegable. Tris-te vida la de aquel que por dogma acepta que esta es su única oportunidad para ser salvado o condenado. Qué mal dejan a ese Ser Supremo quienes piensan que Dios es solo amor, comprensión y perdón para con todos sus hijos por igual, en todas las dimensiones y los universos paralelos.

Cada alma está dotada de latentes atributos que necesita manifestar. Nada es al azar, todo tiene su razón de ser. Cada alma recibe, para cumplir su misión, un programa cósmico computacional que permite escoger el óvulo y espermatozoide adecuado al código genético que su cuerpo necesitará, junto con el medio ambiente apropiado que lo rodeará. Cada vida es un conjunto de peldaños a escalar. Por ahora, solo en la tercera dimensión, pero pronto será para muchos en la cuarta dimensión también.

Llegó la hora de que comprendan que nada de lo negativo sucedido en el plano de la vida tridimensional vibra en el nivel sutil de la realidad del alma, realidad que en la Tierra no permite ser. Por lo tanto, nada de lo que tú hagas en lo físico te puede condenar eternamente y afectar al infinito y eterno espíritu, que es lo que cada uno de nosotros es.

Todo lo positivo logrado en la encarnación vibra en la sutil realidad del alma y la ayuda a crecer. Cada vida es un curso en la escuela del saber. Cada curso nos hace crecer y adquirir nuevos atributos latentes del alma para lograr manifestar, y con ello cumplir, la misión de cada encarnación.

No es culpable el ser humano en su ignorancia de su actuar. No es culpa del destino ni del azar nacer como se nace, ni ser quien se es. El universo es regido por sabias leyes a las que el hombre no escapa. Todo tiene su justa razón de ser. No debes dañar a otros, pero tampoco debes aceptar ser limado por otros. Cada uno tiene lo que se merece, tiene lo que ha sembrado en esta vida o en las anteriores: la ley de causa y efecto es inexorable.

Quien comprende las sagradas leyes que nos rigen, acepta el karma y sabe que la maldad es un aspecto transitorio di1 la bondad, que es lo permanente y que, vida tras vida, mediante la evolución, se retorna a Dios. No hay personas superiores ni inferiores, pues todos somos hermanos y, i niño espíritus, hijos de Dios. Sin embargo, hay en la Tierra algunas almas encarnadas más evolucionadas que otras, ya que nuestro planeta es una escuela del desarrollo con diferentes cursos, diferentes grados, diferentes experiencias para aprender y poder avanzar en ese aprendizaje.

El diccionario católico define la reencarnación como una doctrina afín a la metempsicosis, según la cual la misma alma se encarna sucesivamente en cuerpos de diferentes hombres. Esta fue una creencia sostenida por varios sistemas filosóficos antiguos y fue enseñada por hombres como Pitágoras y Platón. Hoy se acepta en algunas religiones asiáticas y entre los miembros de sectas teosóficas y ocultistas. Esta doctrina es naturalmente incompatible con la doctrina de la redención y con la enseñanza cristiana de que cada alma humana es creada directamente por Dios en el momento de la concepción. Pues si hay muchas oportunidades de enmendar los errores cometidos en una vida, con oportunidades en otras vidas sucesivas, no puede haber la condenación eterna, como amenaza la iglesia católica.

El tema de la reencarnación, de la evolución del alma a través de múltiples encarnaciones, es una cuestión central en muchas filosofías y religiones orientales, incluyendo el budismo, hinduismo, la teosofía y otras, por lo cual merece una atención especial.

Lamentablemente, dentro del cristianismo, este concepto ha sido muy mal interpretado en muchas ocasiones, llegando hasta el punto de haber sido declarado anatema, en cierto momento histórico, por razones políticas, cuando el Cristianismo se convirtió en la religión oficial del Imperio romano. Esto ocurrió a pesar de que el concepto de la reencarnación se encontraba claramente en la Biblia y era profe-sado por algunos padres de la iglesia.

Afortunadamente, gracias a la investigación de muchos historiadores y al descubrimiento reciente de varios documentos históricos que revelan nuevas perspectivas sobre los orígenes del Cristianismo, hoy sabemos cómo, cuándo y por qué ocurrió este aparente desacuerdo entre la teología cristiana oficial y la doctrina de la reencarnación. Además, gracias al trabajo de algunos abnegados científicos, hoy tenemos todo un conjunto de convincentes evidencias empíricas sobre las realidades de la reencarnación.

¿QUÉ DICE LA BIBLIA SOBRE LA REENCARNACIÓN?

En la Biblia existen suficientes referencias al fenómeno de la reencarnación para argumentar que el antiguo pueblo de Israel conocía el concepto e, incluso, que para algunas de sus sectas la reencarnación era parte esencial de sus creencias, especialmente la de los Esenios y otras que practicaban la Cábala. Para los cristianos en particular, las citas más importantes sobre la reencarnación pueden ser encontradas en las propias palabras de Jesús en los Evangelios. Durante el pasaje la transfiguración, Jesús dice a sus discípulos: "Elías ya vino, y no lo reconocieron sino que hicieron con él todo lo que quisieron. De la misma manera va a sufrir el hijo del hombre a manos de ellos". Entonces entendieron los discípulos que les estaba hablando de Juan el Bautista. Con esto queda clara la implicación de que Juan el Bautista era la reencarnación del profeta Elías. Jesús habló así a sus discípulos: sobre Juan el Bautista: "...y si quieren aceptar mi verdad diría, Juan es el Elías que había de venir. El que tenga oídos, que oiga". Entonces, Jesús dijo explícitamente que Juan el Bautista es la reencarnación del profeta Elías.

A su paso, Jesús vio a un hombre que era ciego de nacimiento y sus discípulos le preguntaron: "Rabí, para que este hombre haya nacido ciego, ¿quién pecó, él o sus padres?" " Ni él pecó, ni sus padres", respondió Jesús, "sino que esto sucedió para que la obra de Dios se hiciera evidente en su vida", implicando que el hombre había vivido previamente antes de nacer ciego en la presente existencia.

Jesús también dijo a sus discípulos: "de veras les aseguro que quien no nazca de nuevo no puede ver el

Reino de Dios". Es decir que el ser humano debe de reencarnar muchas veces para evolucionar y elevarse a planos superiores de luz. .

Sin embargo, la reencarnación fue borrada de la teología cristiana. Si Jesús y los primeros cristianos profesaban la reencarnación, nos preguntamos entonces, ¿por qué esta verdad se perdió en algún momento y por qué no forma parte de la teología cristiana oficial hoy en día?

La respuesta a esa pregunta hay que comenzar a buscarla en los eventos históricos que siguieron al primer Concilio, el de Nicea, en el año 325, cuando el emperador romano Constantino decidió convertir el cristianismo en la religión oficial del imperio. También hay que atender a los esfuerzos posteriores de la Iglesia por desterrar de la teología cristiana cualquier referencia al concepto de la preexistencia del alma, término usado en esa época para referirse a la reencarnación, durante el segundo Concilio, el de Constantino pía realizado en el año 553, bajo el auspicio del emperador Justiniano.

Sobre este tema se ha escrito mucho recientemente, gracias al trabajo de historiadores y eruditos, los cuales han contribuido a una mejor comprensión de los orígenes del cristianismo, apoyándose en documentos de gran valor histórico, como los evangelios gnósticos, descubiertos en Nag Hammadi, Egipto, en 1945, así como los pergaminos del Mar Muerto encontrados en Qumrán, alrededor de 1947.

De tal forma, el conjunto de evidencias que existe hoy sobre la reencarnación provee un margen más que amplio para que una persona racional pueda creer en la reencarnación.

Lo que un hombre siembra, eso también cosechará. Siembra un pensamiento y cosecharás una acción; siembra una acción y cosecharas un hábito; siembra un hábito y cosecharás un carácter; siembra un carácter y cosecharas un destino.

Más allá de los sentidos, está la mente; más allá de la mente, está el alma; más allá del alma, está el espíritu; más allá del espíritu, está Dios.

CONTACTO 14

La mañana amaneció gris, llena de nubes que ocultaban el sol. Me sentía raro, como si algo importante fuera a suceder, un presentimiento interno de algo que no podía explicar pero que sentía muy dentro de mí.

Mi mente estaba volando en otro lugar, un lugar extraño y con mucha luz. Vi mucha gente caminando en fila. Eran guiados por una mujer alta, delgada, con un pelo rubio impresionante, vestida con una túnica azul. Parecía como si estuviera flotando y no caminando. Yo me puse a seguir al grupo, pero parecía que nadie me veía, o simplemente me ignoraban. A los lados del camino se veían grandes construcciones, todas de vidrio y con personas entrando y saliendo de ellas. Todo se veía muy normal, aunque yo estaba consciente de que estaba en otra dimensión, en otro plano de existencia.

Entré con el grupo a uno de los grandes edificios, que más bien parecía una pirámide invertida, toda de cristal azul. En un gran salón se acomodaron todas las personas. Me extrañó mucho que no se comunicaran entre sí: no vi a nadie hablar, todos estaban como en shock o por lo menos así me parecía. La mujer rubia estaba parada en una tarima y comenzó a hablar:

—*Yo me llamo Suka y soy instructora en este plano. Todos ustedes han llegado acá por afinidad vibratoria y me toca a mí darles una charla introductoria, ya que todos han pasado del mundo material a este plano espiritual. Esto significa que han desencarnado, que han perdido su envoltura física y están todos en cuerpo astral, que es muy similar al que tenían en el plano Tierra, pero más sutil. La mayoría de los seres humanos tienen la consciencia dormida y por eso mismo son víctimas de fuerzas extrañas y desconocidas por muchos. Por ello ignoran las causas de tantas desgracias que acontecen en la vida diaria.*

Es necesario despertar las consciencias, abrir sus mentes v darse cuenta de su situación en el mundo; conocer las Leyes Superiores que gobiernan el universo; conocer de dónde vienen y hacia dónde van, cuál es la misión de cada cual. Deben estar ávidos de sabiduría para poder recibir la luz divina que les dará el conocimiento para evolucionar.

La muerte física es la cesación de todas las funciones orgánicas, pero como se darán cuenta, a pesar de estar muertos, siguen viendo, oyendo, sintiendo, oliendo, pensando y actuando, o sea que siguen vivos, pero en otro plano de existencia, bajo otras condiciones de vida.

El temor a la muerte se debe a la ignorancia, pues siempre se le teme a lo desconocido. Cuando la consciencia despierta, a través del conocimiento trascendental, la ignorancia desaparece y entonces el temor a lo desconocido deja de existir. El alma revestida de su cuerpo astral sigue su evolución en otros planos de existencia, pues la vida sigue en todas partes. La muerte es solo un paso de un lado a otro, de un plano a otro, de una dimensión a otra. Los que han llevado una vida de maldad y libertinaje, tienen que reflexionar y enmendar sus errores, pero esto les tocará más tarde, en otro salón especial. Si no lo hacen, estarán deambulando como fantasmas en un plano paralelo a la Tierra, en ciertas regiones de la cuarta dimensión.

Entró un hombre mayor, vestido normal: camisa, pantalón y unas sandalias de cuero. Sin hablar les hizo señas a todos para que lo siguieran. Todos se pararon como autómatas y salieron en fila detrás del hombre.

Yo me quedé en el salón con la mujer llamada Suka. Me acerqué y vi que estaba revisando unos planos, unos dibujos extraños y unos escritos que parecían jeroglíficos. La saludé y, para mi sorpresa, me contestó: me podía ver. Le pregunté por los papeles tan raros que estaba revisando y me contestó que estaba estudiando manuscritos muy antiguos y un plano de un templo de hace muchos años. Le dije que estaba allí pues me interesaba estudiar e investigar sobre la muerte. Me sonrió y me dijo que no había ningún problema al respecto, que si podía ayudarme a aclarar dudas lo haría con gusto. Inmediatamente se lo agradecí y le pregunté:

—Al morir una persona, ¿qué sucede?

—*Pasa por un proceso de selección o sigue apegado al plano tierra, a su casa, a su familia. Nadie está obligado a ascender al plano inmediatamente superior. Cualquier ser se pueda quedar penando en el plano Tierra, junto a su familia, o en el sitio donde desencarnó, en caso de accidente o muerte violenta. Se convierte en lo que conocen como un fantasma en el plano material.*

—¿A qué se debe que un niño muera al nacer, sin oportunidad de evolucionar?

—*Es la ley del karma: los padres necesitan pasar por esa dura experiencia por deudas de otras vidas, y el alma del niño posteriormente vuelve a reencarnar.*

—Cómo es el proceso de desencarnar?

—En el instante en que el moribundo exhala su último aliento, concurre a ese lugar un ángel de la muerte. De ellos hay legiones. El ángel funeral corta el cordón plateado o hilo de la vida, que conecta el alma con el cuerpo físico. El moribundo suele ver a tal ángel en forma espectral y la figura con que se le representa es ciertamente real, dicho instrumento de trabajo sirve exactamente para que pueda cortar el hilo de la existencia y liberar el alma.

Los fallecidos necesitan comer, pero sus alimentos son etéreos, sutiles, llenos de energía fácilmente asimilable por los difuntos. Los desencarnados pueden visitar los restaurantes del mundo físico y alimentarse de los manjares que allí se expenden, pero absorben solo el principio vital de dichos alimentos. A quienes les gustaba el licor en vida, pueden absorber la parte vital espirituosa de las bebidas, pero no se emborrachan.

—¿Dónde habitan los fallecidos?

—*Los difuntos viven un tiempo en el sitio de su fallecimiento, ya sea su casa, en un hospital o en donde haya ocurrido la muerte. Después de un tiempo, que es relativo en cada ser dependiendo de su evolución espiritual, asciende al plano vibracional que le corresponde y allí ven en una película toda su vida, todos los acontecimientos buenos y malos.*

—¿Cómo visten los difuntos?

—Ellos se visten con la ropa que les gustaba en vida, pero al ascender a otros planos más elevados, suelen cambiar el tipo de vestimenta.

—¿Cómo se divierten los difuntos?

—Durante un largo tiempo, y hasta que hacen consciencia de su estado, el borracho va a los bares, el cineasta al cine, el jugador a los casinos y así sucesivamente cada cual a lo que le gustaba en vida.

—¿Qué sol alumbra a los difuntos?

—El mismo sol que alumbra a los vivos del plano Tierra alumbra a los difuntos, solo que estos ven los colores más allá del espectro solar. Ellos ven colores que no perciben los ojos físicos de la gente que está encarnada.

—¿Qué busca el alma después de abandonar el cuerpo?

—El alma busca lo que quiere: la madre busca al hijo, y se puede hacer visible; el esposo busca a la esposa y a *sus hijos; el que dejo bienes los busca y cuida; y así sucesivamente.*

—¿Los difuntos tienen autoridades como en el mundo físico?

—*Autoridades existen en todo el cosmos, en todos los rincones del universo, tanto en los vivos como en los que han descarnado y viven en otras dimensiones. Cada plano tiene sus autoridades, diferentes jerarquías y guías.*

—¿Cómo ven los muertos el mundo de los vivos?

—*Ellos ven las mismas calles, las mismas ciudades y a las personas como si estuvieran vivos en el plano Tierra.*

—¿Por qué los difuntos no se dan cuenta de que están muertos?

—*Los difuntos siguen creyendo que están vivos porque tienen la consciencia dormida y cuesta mucho trabajo hacerles entender que ya no pertenecen al mundo de los vivos.*

Ellos ven todas las cosas igual a como las veían en vida, por eso creen que siguen vivos en el plano material.

—¿A qué se dedican los difuntos?

—*Las personas que han muerto siguen ocupados en las mismas tareas que hacían en vida, ya que no sospechan que han perecido.*

—¿Cuánto tiempo dura esta situación tan ambigua?

—*Dura de acuerdo con la evolución de cada alma, hasta que hacen consciencia y analizan su situación y las circunstancias que las rodean. Pueden tardar muchísimo en reaccionar a la verdad de su estado.*

—¿Los difuntos pueden trasladarse como cuando estaban vivos?

—*Los difuntos tienen plena libertad para moverse en todos los ámbitos del espacio, para ir a cualquier lugar. Se movilizan con solo desear estar en un sitio: lo logran instantáneamente.*

—¿Es dolorosa la muerte?

—*Para los jóvenes es dolorosa, pero para los ancianos es un descanso. Esto es semejante a un fruto: cuando ya está maduro cae por su propio peso, pero cuando esta verde no cae y podría decirse que sufre con el desprendimiento.*

—Después de la muerte, ¿el difunto puede reconocer su cuerpo en el ataúd?

—*Realmente pueden verlo, pero no se reconocen, pues no se aceptan que están muertos. Piensan que es otra persona que se parece a ellos.*

—Si la persona se diera cuenta de que se murió, ¿podría volver a meterse en su cuerpo antes de ser sepultado?

—*Después de haberse cortado el hilo de la vida o cordón de plata, ya no es posible meterse de nuevo en el cuerpo.*

—¿Qué consuelo recibe el alma cuando muere el cuerpo?

—*El consuelo de los desencarnados es la oración de los dolientes: hay que orar y darles luz espiritual.*

—¿Para morirse cada cual tiene un día, hora y minuto fijado?

—*Toda persona que va al mundo físico recibe una carga de valores vitales. Cuando dichos valores se acaban sobreviene la muerte: ese es el destino de cada cual, directamente proporcional a sus necesidades evolutivas y a su karma.*

—¿Cómo podemos comprobar que regresamos a este mundo nuevamente, es decir, que reencarnamos?

—*El retorno a este mundo, después de la muerte, es para algunos una teoría más, para otros es un dogma, para muchos es una superstición o una simple creencia. Pero para los que recuerdan sus vidas pasadas, el retorno es un hecho, una realidad innegable. La clave es despertar nuestra consciencia: esa es la única manera de comprender el ir y venir del alma a través de muchas reencarnaciones.*

—¿Por qué regresamos a este mundo nuevamente?

—Las almas regresan, una y otra vez, para perfeccionarse, para aprender nuevas lecciones y pagar viejas deudas karmáticas.

—¿Qué parte de nosotros regresa al mundo físico?

—*Lo que retorna es el alma.*

—¿Las almas de las plantas, de los animales y de las piedras regresan al mundo material y evolucionan?

—*Las almas de los animales, de las plantas y de las piedras son los elementales de la naturaleza. Ellas también regresan al mundo material en forma continua para evolucionar también, pues todo en la naturaleza evoluciona y se supera en la gran escala cósmica.*

—¿Existe realmente la predestinación?

—Cada alma es artífice de su propio destino: si hace el bien recibirá lo bueno; si actúa mal sufrirá y pagará por sus actos. Por eso se ve tanta diferencia entre los seres humanos: unos viven bien otros viven mal, cada uno tiene lo que se merece, por sus propias obras.

—¿Por qué unos seres reencarnan como hombre y otros tino mujer?

—Todo depende de los acontecimientos de la vida anterior, según las experiencias que debemos tener y aprender.

—¿Siempre se regresa a la misma familia, o sea, con los mismos personajes en diferentes situaciones?

—*Sí. En realidad, el "yo" continúa en su propia semilla. Esto significa que continuamos en nuestros descendientes, que regresamos siempre a la misma familia y al mismo grupo de almas con las cuales tenemos karmas que solventar.*

—¿Cuál es la diferencia entre retorno y reencarnación?

—*Los egos retornan incesantemente para repetir dramas, escenas, sucesos nefastos...El ego retorna para pagar karmas y satisfacer deseos. La palabra reencarnación es muy exigente: nadie podría reencarnarse sin antes haber eliminado el ego.*

—¿Por qué hay personas que, por más que se esfuerzan, no logran tener amigos y para otros es tan fácil hacer amigos donde quiera que van?

—*En vidas anteriores hemos tenido amigos y enemigos y, al regresar al mundo material, nos volvemos a reencontrar con esas amistades y también con los adversarios, todo se repite tal como sucedió. Todo depende del karma y de cómo lo enfrentan para saldar deudas y no crear otras nuevas.*

—¿Cómo podemos analizar el matrimonio desde el punto de vista espiritual?

—Existen tres vínculos matrimoniales: el primero es kármico, el segundo es dhármico y el tercero es cósmico. Los del primer vínculo son de dolor, miseria, hambre, desgracia, carencias afectivas y demás problemas. Los del segundo vínculo son de éxito, dicha, amor, progreso económico y afecto. Los del tercer vínculo son únicamente para las almas selectas, puras, santas y traen, como es natural, felicidad inagotable, plenitud en todo.

Suka sonrió y dijo:

—*Tengo que irme pues está llegando un nuevo grupo al que tengo que guiar.*

—¿Podremos tener otro contacto?

—*No lo sé. Si me lo permiten volveremos a encontrarnos, si es que usted puede llegar adonde yo esté.*

—Gracias.

Me despedí. En ese instante sentí un tirón muy fuerte y me encontré de nuevo sentado. Sentí un mareo y todo me daba vueltas, pero pasados unos minutos todo se normalizó y me sentía muy bien, contento y feliz.

CONTACTO 15

Todos los días le doy gracias a los Maestros Superiores de Luz por permitirme penetrar en el más allá y sus misterios. Doy gracias por los canales que se han abierto para darme informaciones psicoespirituales superiores. Pero realmente siento que los misterios se multiplican y los secretos se profundizan cada vez más, pues aunque se aclaran algunas cosas del más allá, queda mucho por saber, mucho que indagar y tanto que aprender.

Estaba meditando y me proyecté con la intención de reencontrarme con Suka. Me vi en un campo lleno de flores, grandes árboles y un cielo azul sin nubes. Miré a los lados buscando a alguien pero estaba totalmente solo en esa inmensidad. Me sentí lleno de energía, como si mi alma se estuviese cargando de luz. Flotaba y a voluntad iba aumentando la velocidad del vuelo: parecía un pájaro sobrevolando los campos. Es difícil de describir la alegría que me embargaba. Me sentí eufórico, lleno de luz y de amor universal.

Así estuve un buen rato, no sé cuánto, y de pronto vi a mi lado a un anciano de larga barba y de ojos azules como el cielo. Me tomó de la mano, sin decir nada y en un santiamén nos encontramos en un gran salón. Le pregunté al anciano quien era y me contestó que eso no tenía importancia, pero que se llamaba Salomón. Entonces le pregunté si tenía que ver con el rey Salomón de la Biblia. Me contestó que no. Le dije quién era yo y qué estaba buscando: las respuestas a tantas incógnitas del más allá y de la vida en el más acá. Salomón se quedó mirándome fijamente, se sonrió y me dijo:

—*Yo tampoco sé toda la verdad ni conozco todos los misterios, todas los de aquí y los de allá estamos en un eterno aprendizaje: mientras más aprendemos, más nos sumergimos en los misterios de la vida y de la muerte. Así nos damos, cuenta de que el conocimiento es eterno y complejo. Hay mucho por buscar y mucho que descubrir en esa búsqueda.*

—Realmente tengo muchas preguntas que hacerle... no sé por dónde comenzar. ¿Qué me puede enseñar?

—*Le puedo transmitir una parte de lo que he aprendido. Los pensamientos son reales pero lo físico es ilusión. Aunque parezca muy sólida, la realidad es otra. El tiempo en el mundo astral o espiritual no existe como en el mundo físico, es totalmente diferente. Aquí hay muchos guías que se dedican a ayudar a los desencarnados. Dedican parte de su evolución a ese trabajo en lugar de reencarnar en el mundo físico. Cada persona que fallece está donde quiere estar y donde se imagina como es la muerte: sus pensamientos se hacen realidad aquí, sus vibraciones espirituales lo atraen al plano espiritual que ha concebido con sus creencias. Lo que desea y lo que se siente que es real se convierte en su verdad. Las fantasías más increíbles se pueden realizar, pues no hay nada que el hombre pueda imaginar que no pueda realizarse.*

Cada célula del cuerpo humano tiene memoria y todas se intercomunican creando una conexión real con el ADN, y esto influye sobre la salud o enfermedad del cuerpo.

El infierno es para los que no aceptan que están muertos y es diferente para cada quien, según sus pensamientos y creencias. El hombre crea su entorno según estas creencias. Los pensamientos elevados, filosóficos y trascendentales elevan las vibraciones de las células del cuerpo y activan células que habían estado dormidas.

—Quisiera preguntarle sobre ciertas dudas esotéricas que tengo y me gustaría que me las aclarara, si está dentro de sus posibilidades.

—*Realmente yo no sé mucho sobre la parte que usted quiere saber. Me está hablando del mundo de la magia, ¿cierto?*

—Sí, es verdad—. Quedé sorprendido pues parecía que me estaba leyendo la mente.

—*Pero no se preocupe: yo lo contactaré con uno de los guías que en sus últimas reencarnaciones fue brujo y mago. Fue tanto mago negro como mago blanco, y aprendió muchas lecciones. Con él es con quien debe contactar, estoy seguro de que le aclarará sus dudas esotéricas.*

—Gracias, eso es realmente lo que necesito. ¿Cómo me contacto con él?

—*Yo lo voy a comunicar, lo llevaré adonde él está.*

Salomón me tomo de la mano y, en fracciones de segundo, nos encontramos en una habitación de cristal. Por las ventanas se veían muchos edificios, todos de cristal. A mí me parecía que estaban flotando en el aire, pero quizás esa era mi impresión, no le pregunté nada al respecto a Salomón, pues estaba más interesado en conocer al mago. Salomón tocó como un panel en una de las paredes de cristal y se abrió una especie de compuerta. Pasamos a una habitación muy iluminada, llena de mesas, estanterías y muchos libros, manuscritos y pergaminos muy viejos. En una de estas mesas estaba sentado un hombre de mediana edad, pelo largo y muy negro, sin barba. Yo me lo imaginaba con barba. Nos acercamos a él y Salomón le susurró algo al oído. Me dijo:

—*Él va a responder tus dudas. Yo tengo que irme a otras obligaciones.*

Me abrazó y se fue tan rápido que no tuve tiempo de abrazarlo yo también. El hombre me invitó a sentarme a su lado. Vi que estaba leyendo unos manuscritos, pero yo no entendía en qué idioma estaban escritos. Me presenté y le dije lo que deseaba. Me contestó:

—Ya sé quién eres y cuáles son sus dudas. Lo puedo ayudar a aclarar algunas de ellas, ya que usted es mago, al igual que lo fui yo en varias vidas. Usted ha sido mago varias vidas y en esta reencarnación.

—¿Quisiera saber por qué hay espíritus que están entre los vivos en la Tierra y en muchas ocasiones interfieren con ellos?

—Cuando una persona muere puede quedar apegado al plano terrestre, a su familia y amigos. También queda apegado a sus vicios o a las deudas espirituales con otras personas y necesita del perdón de ellas para poder ascender al plano que le corresponde. Las personas que tienen facultades extrasensoriales pueden ver y comunicarse con esos espíritus, que pueden durar muchos años estancados en el plano Tierra. Se puede matar a una persona con trabajos de magia negra, pero aunque existe un libre albedrío, los magos negros actúan a sabiendas que tendrán que responder por sus actos.

—¿Cómo queda marcado el destino?

—*Sí alguien puede interferir en la vida de otra persona, indistintamente esta interferencia es parte del destino, por problemas karmáticos.*

—¿Una persona puede morir antes de su tiempo programado por efecto de brujerías?

—*No, esto también está destinado, y los que no deben de morir llegan a recibir la ayuda espiritual a tiempo y se curan.*

—¿Se puede enfermar a una persona con trabajos de magia negra?

—*Si se puede enfermar a alguien a través de la magia negra. Se puede interferir en el campo magnético vibracional de la persona, causando la enfermedad.*

—¿Es cierto que a través de los trabajos de magia negra, se puede separar y destruir un matrimonio que se quiere, hacer quebrar un negocio próspero, enviciar a una persona sana, convertir en una cualquiera a una mujer decente, separar y destruir familias muy unidas, interferir a una mujer para poder procrear, volver a hijos contra sus padres y viceversa, hacer que despidan a una persona de su trabajo, causar accidentes de cualquier índole a cualquier persona, o sea, interferir en el destino de cualquier persona a través de la magia negra?

—*Efectivamente se pueden lograr todas esas situaciones que usted nombra a través de las artes mágicas negativas, pero recuerde que así como existe el mago negro también existe el mago blanco, quien combate todas esas energías negativas y cura a los enfermos. Con sus trabajos de magia blanca evita accidentes y restituye la armonía a los seres humanos dañados de alguna manera. Desde que el mundo existe, siempre ha existido también el enfrentamiento entre el bien y el mal, y aunque pareciera que el mal está más extendido y existen más personas practicando la magia negra, el bien prevalece, aunque no siempre con la celeridad que uno quisiera.*

—¿Es cierto que detrás de esos magos, tanto blancos como negros, hay entidades espirituales, maestros de Luz y guías espirituales apoyándolos en sus labores, unos para bien y otros para mal?

—*Lógicamente, los magos negros tienen asesores y protectores de bajo nivel espiritual, y los magos blancos tienen ayuda y protección de los guías superiores y Maestros Superiores de Luz que intervienen en esta lucha entre el bien y el mal.*

—¿Existen los protectores espirituales?

—*Efectivamente, cada ser humano tiene sus protectores espirituales que a veces son familiares y otras veces son espíritus afines a la persona. Algunas personas tienen por protectores espíritus de luz muy poderosos, pero esto depende también de la labor espiritual de la persona y su destino.*

LOS POSTULADOS DE LA REENCARNACIÓN

La creencia en la reencarnación implica el planteamiento de varios postulados. En primer lugar, hay que creer en la realidad del alma, considerarla como una realidad y como una entidad más o menos autónoma que podría existir sin el cuerpo o fuera de él. Por lo tanto, se trata de creer en su supervivencia después de la vida sobre la Tierra y tras la existencia corporal. También se trata de creer en un lugar o lugares donde el alma prosigue su evolución, donde se encuentra a la espera de una envoltura carnal para volver al mundo.

En la vida intrauterina, o en el instante mismo del nacimiento, se produce un fenómeno que favorece la impregnación del alma en el cuerpo al que dará vida.

De este modo, ya que todo esto debe tener un sentido, una justificación, una razón de ser, hay que creer en el desuno del alma y, por lo tanto, se puede afirmar que nada se pierde ni nada se olvida totalmente, y que de este modo el alma reencarnada tiene la misión de realizar una determinada tarea y debe someterse a muchas pruebas que le permitirán acceder a un nivel de evolución o de consciencia superior. Todo esto se puede resumir en seis puntos:

1. El alma existe.

2. El alma sobrevive después de la muerte del cuerpo físico y se desenvuelve fuera de él.

3. Existen varios lugares donde van las almas que han dejado su cuerpo físico y donde se preparan para una nueva reencarnación.

4. Una misma alma reaparece en un diferente cuerpo tantas veces como sea necesario, a través de los siglos y de los milenios, para su aprendizaje y evolución.

5. El alma memoriza las experiencias que ha vivido durante sus diferentes reencarnaciones. Cada alma es única y tiene una tarea, una misión y un destino.

6. Las reencarnaciones sucesivas de una misma alma en diferentes cuerpos tiene como finalidad presentar diferentes situaciones para su aprendizaje, y evolucionar a través del conocimiento espiritual superior a otros planos de consciencia.

CONTACTO 16

Era las cuatro de la mañana y estaba durmiendo profundamente cuando la presencia de alguien me despertó. Una voz me habló y me llamó por mi nombre. Me dijo que era Eleuterio.

Eleuterio era un comerciante que conocía y, aunque no éramos amigos, siempre nos veíamos y conversábamos. Él siempre andaba con un tabaco en la boca, fumaba y tomaba mucho. Murió hace años.

Cuando me fijé bien estaba parado a mi lado con un tabaco en la boca, tal y como era en vida. Le pregunté si allí también se fumaba y se tomaba alcohol y él me dijo que no. Luego le pregunté por qué no había ascendido al plano espiritual que le correspondía, y me contestó que todavía tenía varias cosas pendientes en este plano terrestre. También le pregunté que con quién estaba allí, pero me dijo que estaba solo, que estaba visitando a los amigos y a su familia. Le dije que ellos no lo veían y que ni siquiera sabían que estaba allí y él me contesto que lo sabía pero que compartía con ellos sin ser visto ni tomado en cuenta.

Le pregunté el motivo de haberse manifestado en mi casa después de tantos años. Me dijo que necesitaba que le hiciera un favor, que hablara con su hija mayor y le dijera

que no hiciera el negocio que tenía pensado hacer, pues iba a perder todo el dinero. Le dije que lo haría con mucho gusto. Me dio las gracias y se fue.

Me quedé pensativo, pues me suponía que tanto él como tantas otras personas que habían fallecido hace años deberían de haber reencarnado ya, pero parece que no es así. Depende de varios factores, como el karma, el libre albedrío, los problemas que se han dejado pendientes y otras cosas que desconocemos. Realmente la muerte esconde muchos misterios, en sí misma el misterio más grande e insondable de todos.

Estamos rodeados de muertos. En todas partes hay entidades pululando a nuestro alrededor sin ser vistas ni oídas por la gran mayoría de personas. Sin embargo, ellos buscan a quienes tienen facultades paranormales para comunicarse con ellos o a través de ellos.

Nunca estamos realmente solos, siempre tenemos compañía a nuestro alrededor. Muchas veces conviven con nosotros sin ser vistos, pues están en otro plano más sutil de vibración y, en la mayoría de los casos, no interfieren con nosotros ni con nuestras vidas, salvo en casos excepcionales, en que por algún motivo interactúan con nosotros, llegando a crearnos graves problemas de todo índole.

La existencia tiene dos caras: vida aquí y vida en el más allá. Dos existencias diferentes pero muy reales. ¿Por qué no se ha aclarado el gran misterio de la muerte, que en realidad no es tal? ¿Por qué si tantas personas, desde que existe la humanidad, han investigado ese misterio, tratando de rasgar el velo del más allá, no lo han logrado? Es posible que exista un mecanismo que los seres humanos no debemos conocer, un profundo misterio que no debemos revelar, pues alteraría demasiado nuestras vidas.

De todos modos, la curiosidad nos empuja a investigar y u tratar de descifrar los misterios que rodean la muerte, pues ese acto, al igual que el nacimiento, es lo más corriente y común, pero a la vez lo más complejo y enigmático.

Mientras todos estos pensamientos se arremolinaban en mi mente, con las informaciones de los contactos que he tenido con seres del más allá, pensando que mientras más informaciones recibía, más enigmas surgían y más preguntas por contestar, más misterios que resolver...

Me proyectaba con todos estos pensamientos cuando me vi en una habitación con paredes de vidrio, sin muebles y todo muy blanco. El piso y el techo tenían una luminosidad extrañamente blanca, pero no se veía de dónde provenía dicha luz. En la habitación había tres mujeres, pero por lo que me di cuenta, ellas no se veían entre sí. Me acerqué a la primera, que se encontraba más cerca de mí. Ella me sonreía, pero como si estuviera en una especie de trance hipnótico. Le pregunté qué hacía allí y me contestó que no sabía, que tenía frío y mucho miedo. Le pregunté su nombre y me dijo que se llamaba Carmen. Luego le pregunté si tenía familia. *"Casada y con tres hijos"*, me respondió. Finalmente le pregunté si estaba consciente de que estaba muerta y me dijo que sí, pero que no entendía qué estaba haciendo allí. Luego le pregunté si sabía lo que le había pasado y me dijo que recordaba todo pero que no entendía nada.

Le pedí que me contara lo que le había pasado y ella aceptó, pero con la condición de que la ayudara a comprender dónde estaba y lo que le iba a suceder allí. Le dije que la iba a ayudar, según mis posibilidades, y juntos buscaríamos entender lo que había sucedido.

EL FALLECIMIENTO DE CARMEN

—*Era un día de estos sin nubes y con un sol radiante. Después de servir el desayuno, mi esposo se llevó a los muchachos al colegio y yo me dispuse a salir a comprar lo necesario para el almuerzo. Manejé lentamente entre el tráfico, que a esa hora era muy pesado. En la radio estaban tocando una de mis canciones favoritas: me sentí contenta y feliz, aunque tenía, como todos, mis problemas normales con los muchachos y discusiones con mi esposo, pero nada grave. Busqué dónde estacionarme pero tuve que dar varias vueltas hasta conseguir un puesto. Entré a la panadería: recuerdo con claridad que pedí pan, leche y yogur. La chica que me atendió me sonrió y fue a buscar el pedido. De repente se oyeron unos gritos, yo me volteé y vi a tres muchachos jóvenes apuntando con sus pistolas a todos y gritando que era un asalto. Eso es lo último que recuerdo de la panadería. Después me sucedieron cosas muy raras y al final estoy aquí sin saber por qué ni cómo llegue ni lo que pasará conmigo.*

Por favor, continúa, cuéntame qué te paso después.

—Me vi sentada en una cafetería, y en la mesa cercana a la mía vi a mi comadre y a mi ahijada, quien falleció hace unos cuantos años. Ellas me miraron, se pararon y vinieron hacia mí. Les pregunté que qué hacían allí y ellas me preguntaron lo mismo: en todo esto yo me sentía ligera, sin peso, y lo veía todo como a través de un sueño. Era una situación muy extraña de la cual yo estaba muy consciente. Le pregunté a mi comadre qué hacía junto a su hija muerta. Ella se encogió de hombros y me dijo que no sabía. Todo quedó en silencio y de pronto apareció un joven, se acercó a nosotras y se quedó mirándonos. Nos preguntó si sabíamos qué había pasado con nosotras y le contestamos que no. Mi ahijada, por el contrario, sonreía todo el tiempo y no dijo nada. El muchacho nos dijo que era un guía espiritual y que "su misión era ayudar a las *personas fallecidas, en especial a las que lo han hecho de una manera violenta, pues eran los más perdidos en el mundo espiritual. Tanto mi comadre como yo estábamos sorprendidas y le preguntamos a qué se refería, pues nosotras no estábamos muertas. Él se sonrió y nos dijo que sí habíamos fallecido. Estas palabras nos sobresaltaron y a la vez nos asustaron. Me puse a llorar desconsoladamente y mi comadre abrazaba a su hija, que se veía muy tranquila. El muchacho trato de consolarnos, diciéndonos unas cosas que no recuerdo, pues el temor invadió mi corazón y nubló mi mente.*

Al rato, un poco más calmadas, le pedimos explicaciones por lo que había dicho. El joven nos dijo que nos iba a explicar lo sucedido. "Primero tú", y me señaló a mí. "Cuando se armó el tiroteo en la panadería, debido a que el dueño sacó un arma y trató de defenderse, los disparos comenzaron a oírse. Varios de los clientes y el dueño cayeron al suelo. Hubo varios heridos pero también varios muertos, entre ellos tú: una de esas balas atravesó tu corazón y moriste al instante". Yo me le quedé mirando sorprendida y molesta. "Usted está loco. ¿Acaso no ve que estoy viva? ¡Yo no estoy muerta!" El joven continuó: "En cierto modo es verdad: estás muerta para el plano Tierra, pero estás viva en el mundo espiritual". Yo le pregunté qué mundo era este y cómo podía estar muerta pero estar viva en otro lado. "Muy sencillo: perdiste tu envoltura física, tu cuerpo físico, pero sigues viva en tu cuerpo espiritual o astral".

No entendía nada, estaba confundida y pérdida totalmente con sus explicaciones. Si yo estaba muerta, ¿qué hacía mi comadre allí también? El joven respondió a mi pregunta: "Ella también falleció esta mañana". Mi comadre reaccionó de inmediato: cómo era posible todo esto. "¡Si me siento muy bien, no me siento nada muerta!", decía. "Sí es verdad que me siento un poco rara, pero muerta no". El joven le preguntó si quería saber cómo había muerto. Mi comadre, aunque no le creía nada, le dijo que contara su historia. "No, señora, esa es su historia", dijo el joven, "yo solo quiero ayudarlas a entender". Mi comadre le insistió en que contara, que ella solo recordaba cuando había salido de su casa rumbo a su trabajo... pero no había llegado. De pronto se encontró en esta cafetería junto con su hija, como si la hubiera estado esperando. "Usted tuvo un accidente", dijo el joven, "un autobús quedó sin frenos y se la llevó por delante, pasándole por encima y aplastando el carro con usted adentro". Todos nos quedamos en silencio, como digiriendo todo lo que nos estaba contando el joven. Yo le dije que no le creía nada y que me parecía que era un charlatán.

Me paré y le dije que me iba a casa. Sentí un jalón y de pronto me vi en mi casa: ni los niños ni mi esposo habían llegado todavía, y sentí un frío que me recorría todo el cuerpo. Me puse a llorar y en esto me di cuenta de que el joven estaba a mi lado, mirándome con ternura y comprensión. Me dijo que si seguía allí cuando llegara mi familia iba a sufrir más, pues ellos no podrían verme y el *choque emocional para mí será muy fuerte. "Acepta que ya no perteneces al inundo físico y estás en otro plano de existencia", me dijo. Sí era verdad lo que estaba diciendo quería comprobarlo por mi propia cuenta, esperar a mi familia y ver lo que sucedía. El joven dijo que esperaría conmigo, para ayudarme. Al rato llegó mi esposo con nuestros hijos. Yo salí a su encuentro, a contarles acerca del loco que me contó unos cuentos fantásticos, pero no me veían. Fui a abrazarlos pero abracé el aire. Grité duro sus nombres, pero no me oían. La desesperación se apoderó de mí: sentí que me halaban v luego me sentí flotando, angustiada y preocupada, precintándome qué sería de mí. En eso perdí la consciencia y cuando la recobré estaba en esta habitación de cristal, sin saber dónde estoy, muerta de miedo y con miles de ideas en mi mente, sin tener respuesta alguna. ¿Usted puede ayudarme a aclarar todo esto? ¿Estoy de verdad muerta, aunque no me siento así?*

—Bien, trataré de explicarle un poco sobre la vida y la muerte. Estás en otro plano de existencia, pero debes entender que el alma nunca muere: es eterna. Y tú eres esta alma que ahora se llama Carmen, y que volverá muchas veces a reencarnar en el plano material físico con otros nombres y distintos sexos, para aprender otras lecciones y superarte espiritualmente: esto se llama evolución. Tu maestro guía te orientará y te guiará. Que la luz divina te ilumine y te dé paz espiritual y compresión.

Sentí un mareo muy fuerte y después un gran jalón, me encontraba de nuevo centrado en mi cuerpo y en paz. Me sentía muy bien, pues había ayudado a llevar un poco de luz a otra alma perdida para que hiciera consciencia y lograra comprender la transición de un plano a otro. Sé que esto no es fácil, pero siempre hace falta ayuda.

CONTACTO 17

Estaba dormido. Estaba oscuro todavía, aún faltaban unas horas para que amaneciera, pero sentí una presencia en mi habitación y esto me despertó. Sentí una presencia pero en la oscuridad no logré ver quién era. Pregunté quién era y qué quería. Cuál no sería mi sorpresa cuando me dijo: "Soy David, tu amigo".

Inmediatamente supe quién era. Había fallecido hacía quince años de un infarto fulminante. Me recuperé un poco de mi sorpresa y le pregunté a qué había venido y por qué todavía se encontraba en el plano terrestre. David me dijo que no había ascendido pues decidió estar pendiente de su mujer y sus cinco hijos.

—¿Qué haces aquí en mi casa?

—*Llegue aquí porque sé que siempre estuviste investigando el mundo esotérico y muchos de los misterios que nos rodean y, a través de la parapsicología, se pueden encontrar muchas respuestas. Estoy cansado, confundido y no entiendo nada. Aunque sé que ya no estoy en el plano terrestre, no sé dónde estoy: me encuentro como en un limbo, estoy y no estoy en ninguna parte. Cuando pienso en mi mujer e hijos, inmediatamente me veo en mi casa o la que era mi casa, pero nadie me ve, nadie me habla y estoy desesperado. Quiero descansar pero no puedo y no quiero seguir dando vueltas aquí sin ningún fin. Ayúdame. Estoy seguro de que puedes y sabes cómo puedo tener algo de paz, pues vivo atormentado: con celos por mi mujer, rabia por haber dejado mis bienes materiales y ver cómo crecen mis hijos y yo no estoy con ellos. Todo esto me tiene muy mal, es un círculo vicioso sin fin.*

—¿Te acuerdas cuando te hablaba del mundo espiritual y tú te reías? Decías que eran tonterías, fantasías y que yo debía de dedicarme a cosas más importantes y no perder mi tiempo. Bueno, pues estos conocimientos te hubieran hecho libre si hubieras leído y aprendido algo del mundo espiritual. Cuando moriste, tu alma se desprendió de tu cuerpo, pero seguías sintiéndote vivo, con tus facultades y tus sentimientos, pero ya no tenías un cuerpo físico: tenías otro ropaje más sutil para tu alma, aunque seguías conservando tu misma fisonomía: eras y no eras igual. Un gran cambio se había realizado en tu existencia. Ya no podías interactuar en el plano físico, y aunque te quedaste por tus ataduras materiales y sentimentales, ya no pertenecías a ese plano. Te tocaba irte, ascender a otro plano, pero decidiste quedarte y por eso estás sufriendo, por tratar de vivir como antes. La frustración se apodera de ti, la falta de conocimiento te hace sufrir, por querer seguir aquí adonde ya no perteneces.

¿Entiendes lo que te digo?

—*Sí, ¿pero cómo soluciono todo esto?*

—Debes desear ascender y libertar tu mente de todo lo que te ata a este plano.

—*¿Cómo lo hago?*

—Suelta a tu mujer y a tus hijos, olvídate de tus bienes materiales, pues ya no los necesitas. Suelta mentalmente todo, deslígate y pide que la luz divina te libere y que puedas ascender al plano que te corresponde.

—*Ayúdame tú, yo no tengo fuerzas.*

Está bien: voy a pedir que tu guía espiritual se presente y te lleve adonde te corresponde por tu evolución y vibración personal. Deséalo de todo corazón.

—*Sí, sí lo deseo. Quiero liberarme de este sufrimiento, de este infierno, ya no quiero estar más aquí.*

—Así será si lo deseas fuertemente.

Se hizo un profundo silencio. David estaba llorando, como solo se puede llorar con el alma. Me dijo que sentía una gran paz, y que una luz lo estaba envolviendo y llevándoselo. Se despidió de mí, me dio las gracias y ya no estaba. Se había ido.

Esta es una lección: en el mundo espiritual se respeta el libre albedrío, las decisiones de cada cual son respetadas aunque no sean las correctas, pero solo el individuo debe corregirlas y, lamentablemente, la mayoría de las veces es a través del sufrimiento, del dolor y la angustia. Por eso yo siempre he sostenido que el conocimiento trascendental, el conocimiento espiritual, nos hace libres.

Al momento del fallecimiento, existen diferentes situaciones que dependen del grado de evolución y conocimientos que tenga la persona. Ya he dicho que primero viene el desprendimiento del alma cuando abandona el cuerpo físico: muchos ven un túnel con una fuerte luz al final. Casi todos los fallecidos, salvo los que mueren violentamente, sienten paz, salud y bienestar. Muchos se encuentran con sus seres queridos, otros con maestros o con Jesús o la Virgen. Al fallecer ven toda su vida pasar como una película, para analizarla: lo bueno y lo malo que hicieron. Quienes han estado al borde de la muerte y han estado en el otro plano, no quieren regresar a su cuerpo físico: prefieren seguir en el plano espiritual, donde tienen más armonía y paz, pero a los que le toca regresar, los obligan a ello y vuelven a la materia, pero con sensación de pesadez, de frustración y de dolor. Nadie que ha regresado del otro lado ha tenido miedo, todo lo contrario, vuelven sin temerle a la muerte, más bien detenido irse y no regresar al plano físico.

LA EXPERIENCIA DE LOLA

Me encontré con varios amigos y otras personas que no conocía justo entrando un restaurante. Conversamos un rato después de saludarnos. En el grupo estaba Rafael, un amigo de la infancia, quien me citó allí diciendo que me tenía una gran sorpresa.

Katael me presento a Lola. Me dijo: "Como tú estás investigando el más allá, la muerte y la reencarnación, mi amiga Lola quiere contarte su experiencia, que es muy interesante y te va a servir para tu investigación".

Nos sentamos y después de un rato de conversación trivial, Lola comenzó a relatar su historia:

—Yo me encontraba en mi casa preparándome para salir a trabajar. Me disponía a tomar una ducha cuando sentí una presión muy fuerte del lado izquierdo de mi cabeza y un dolor punzante en el ojo del mismo lado. Al rato se me pasó y logré bañarme y vestirme. Cuando iba a salir de casa me dio un mareo y me fui contra la pared. Sentía un fuerte zumbido dentro de mi cabeza y veía borroso. Traté de gritar, pedir ayuda, pues mi mamá y mi hermana estaban en casa, pero todavía dormían. Sentí que me flaquearon las piernas: sabía que estaba a punto de desmayarme. Intenté de nuevo gritar pero no me salían las palabras. En ese momento sentí que me entregaba, mi alma dejo de luchar para entregarse. Me desmayé y me vi flotando encima de mi cuerpo, tirado en el piso de la sala.

Corrí al cuarto y llamé a mi mamá, pero no me escuchaba, estaba profundamente dormida. Fui al cuarto de mi hermana y la vi sentada en la cama, ya despierta, pero por más que le hablaba no me hacía caso. Comprendí que no me escuchaba y tampoco me veía. Me resigné a esperar. Volví a la sala y mientras veía mi cuerpo allí tirado, tenía un mar revuelto de sentimientos: me sentía liberada, pero a la vez preocupada, no quería morir, pero tampoco deseaba volver a entrar a mi cuerpo. En eso salió de su cuarto mi hermana y al verme en el suelo gritó pidiendo ayuda a mi mamá, quien vino a la sala asustada y cuando me vio no paraba de gritar y llorar. Yo sentí un jalón y perdí la consciencia. Cuando me desperté, estaba en el hospital, mi mamá y mi hermana estaban al lado de la cama. Yo sabía que me tenían que operar, aunque no podía hablar, oía perfectamente y escuché cuando los médicos dijeron que estaba muy grave y no tenía muchas probabilidades de salir bien de la operación, pero que iban a hacer todo lo posible por salvarme. Mi mamá y mi hermana estaban llorando y eso me perturbó muchísimo: me sentí fuera de mi cuerpo, flotando como entre dos planos diferentes, veía una gran fuente de luz pero no me podía acercar a ella. Sentí mucha paz y tranquilidad: no quería volver a mi cuerpo, quería ir hacia la luz, pero algo muy fuerte me lo impedía. Me sentí inmersa en un silencio, muy difícil de describir con palabras: un silencio espiritual, donde mi alma flotaba alegre y feliz, liberada. Sentía que me expandía como si fuera enorme y también una gran euforia, un éxtasis indescriptible. Estaba más viva que nunca: no tenía ninguna preocupación, me sentía plena y en paz. De pronto me vi en el quirófano, los médicos y las enfermeras afanados, ya casi estaba lista la operación y ellos comentaban todo: "Salió muy bien, vamos a esperar a ver cómo evoluciona", "Esperemos que no quede con problemas graves"... Yo los escuchaba pero era como si no fuera conmigo, como si no me importara. Me sentí con mucha energía y fuerza vital. Me sentía una con el universo, como si yo fuera parte de un gran todo, parte de una gran energía. Cuando volví a ver mi cuerpo estaba en la habitación. Lo miré pero no quería volver, quería sentir la paz y el éxtasis de nuevo, pero algo me amarraba, me sentí atada a mi cuerpo. Perdí la consciencia y cuando me volví me sentía pesada, con dolor de cabeza, con mucha pena y tristeza. Estaba de vuelta en mi cuerpo y sentí que mi mente, que mi cerebro era el ancla para mantener mi alma ligada a mi cuerpo, y que no me dejaba desprenderme y huir. Tuve varias secuelas pero logré recuperarme físicamente. Sin embargo, la experiencia espiritual que tuve jamás se me olvidará y ya no le tengo miedo a la muerte más bien la deseo sin temor y con plena consciencia.

¡Tremenda experiencia tuvo Lola! Una vez más se puede comprobar que la muerte no existe realmente, sino que es una transición entre un plano y otro plano más sutil donde la vida sigue pero de otra manera. Pero esto sigue siendo un misterio que tenemos que desvelar.

Me despedí tanto de Rafael como de Lola, dándoles las gracias por compartir esa fabulosa experiencia conmigo. Me puse a reflexionar sobre varias cosas relacionadas con la vida y la muerte.

Cuando venimos al mundo físico, cuando nacemos en el plano no Tierra, venimos con muchas cargas karmáticas, deudas por pagar, lecciones por aprender, situaciones difíciles. Ir afrontar tanto física, mental como espiritualmente. Para unos es más drástica y difícil la vida; para otros que tienen más dharmas que karmas y es más llevadera. Pero ante las vicisitudes de la vida, si no hubiera un temor implantado a nivel subconsciente en cada ser humano, a la primera prueba difícil que nos pone la vida, la gente se suicidaría para huir de los problemas o de las enfermedades. Ese temor a la muerte nos ancla en esta vida.

La muerte sigue siendo un misterio, y así se ha programado por seres superiores, para que nadie, o casi nadie, se escape a su destino. Quienes se suicidan huyendo de esta vida y sus problemas son castigados, volviendo en situaciones peores para que aprendan las lecciones, y con un mecanismo muy fuerte dentro de ellos que por más que intenten quitarse la vida no lo logran. Se conocen muchos casos en donde la persona ha tratado de suicidarse muchas veces y, aun así, algo los ata a este plano Tierra.

La evolución y la programación espiritual de cada ser humano es perfecta aunque en nuestro actual estado de consciencia no lo comprendamos.

LA EXPERIENCIA DE LARRY

—*Soy Larry. Estoy casado, tengo tres hijos y una esposa maravillosa. Puedo decir que tengo un hogar muy bonito y armonioso. Soy gerente de una fábrica y tengo grandes responsabilidades. Me esmero para que todo salga bien, aunque a veces me siento muy presionado y agobiado por mis obligaciones. Me he dado cuenta de que soy perfeccionista: me gusta que todo salga bien y a tiempo.*

Era lunes, comenzaba una semana más de trabajo y mi mente no paraba de pensar en lo que tenía que hacer: tenía muchos problemas con los obreros y los despachos. Aunque me esmeraba, no salían a tiempo y esto me traía muchos problemas con los clientes y me sentía muy estresado. Salí del baño y caminé hacia el cuarto para vestirme. En ese momento sentí un dolor muy fuerte en la cabeza, me fui de los lados mareado y perdí el equilibrio, cayendo al piso. No supe más de mí. Vi a mi esposa sobre mí, sacudiéndome y gritando. Yo me vi parado a su lado, mirando mi cuerpo tirado en el piso. Tuve una gran confusión. ¿Qué estaba pasando? Mi esposa estaba llorando desconsoladamente, los vecinos comentaban: "Se murió de repente. Pero, ¿cómo sucedió si estaba sano, no sufría de ninguna enfermedad? ¿Qué le habrá pasado?". Yo quise explicarles que no estaba muerto, que los veía y los oía, que estaba bien, pero muy confundido, pues no podía concebir lo que estaba pasando. Pero no me oían ni me veían, simplemente me ignoraban. Quise abrazar a mi esposa y a mis hijos, pero solo abrazaba el vacío. Me dio pánico. Me sentí solo y abandonado.

Luego estaban trasladando mi cuerpo: lo llevaban en una ambulancia. "Pero yo estoy bien", decía, "¿qué está pasando? ¿Por qué dicen que estoy muerto, si no es verdad?. Entre en una oscuridad y sentí miedo. No sé cuánto tiempo pasó, pero de repente vi que trasladaban un féretro y mi esposa lloraba desconsoladamente. Me acerqué a ver quién estaba dentro del féretro. ¡Era yo mismo! ¿Cómo podía ser eso, si estaba allí y a la vez estaba fuera viendo y observando todo? Si mi cuerpo estaba en el féretro, ¿qué cuerpo tenía yo?

Me observo y veo, o más bien siento, que tengo un cuerpo más ligero. Veo a mi familia, a mis amigos y *compañeros de trabajo, comentando mi muerte. Yo trato de explicarles, pero ellos no me escuchan, no me ven, simplemente siento que para ellos no existo, aunque estoy aquí y me siento vivo, de otro, pero vivo. Pasan los días, pero no logro comunicarme con nadie, veo sufrir a mi familia, lloran. He dejado un gran vacío: la casa está triste y fría. Me encuentro en mi oficina, o la que era mi oficina, y veo a otra persona ocupar mi lugar. Mi secretaria es ahora su secretaria. Nadie me ve, nadie escuchaba lo que digo: simplemente no existo. Me encuentro de nuevo en mi casa: mi esposa está desesperada, pues está confundida. Tiene más obligaciones y no sabe cómo enfrentar la vida sin mí. Mis hijos lloran, saben que no volveré aunque no comprenden bien qué es la muerte. Yo tampoco entiendo un estado actual. Veo a mi perro en la puerta, como siempre, esperando mi llegada: está triste, presiente que no vendré... Bueno, estoy aquí, pero él tampoco me ve, aunque creo que me ha sentido; al menos eso me pareció.*

Ha pasado un tiempo, pues veo que mis hijos están creciendo. El vacío que he dejado persiste en la casa: mi esposa siempre llora, pero a solas, para que los niños no la vean sufrir. Oigo una conversación entre mi esposa y mi mama. Mi esposa le dice: "Trabajaba demasiado. El forense dijo que murió por culpa del estrés. Se le reventó una vena en el cerebro, por una subida de tensión. No había nada que hacer, simplemente se fue siendo todavía muy joven". Al escuchar esto siento un gran dolor de dejar a mi familia. Algo dentro de mí sabe que tengo que irme, no sé a dónde, pero debo abandonar todo. Hay una luz cegadora. Pierdo la consciencia y luego me encuentro en otro sitio desconocido, entre otras personas que también están muertas igual que yo. No sé qué me espera, pero ya he entendido algunas cosas: la muerte no existe como tal, ni es un final definitivo: es una continuidad. En otro plano, bajo otras circunstancias, sigue la vida.

LA APARICIÓN DEL SEÑOR DEMETRIO

Salí de casa rumbo a mi consultorio, como todos los días. Al llegar me estaban esperando varios pacientes, que llegaron antes de la hora pautada. Fue un día como otros: pacientes con diferentes problemas, algunos con trabajos de magia negra, otros con enfermedades postizas, otros con problemas psicológicos, inconformes con su vida, otros con problemas amorosos o económicos, y otros con facultades paranormales y que no saben cómo lidiar con ellas pues interfieren con su vida cotidiana y no tienen paz.

Yo veo en mi consultorio de todo tipo de casos y diferentes problemas. Unos causados por los mismos pacientes, por vivir de una manera equivocada, y otros causados por otros, por envidia o maldad, interfiriendo con el destino de los demás originando todo tipo de problemas, desde los más simples a los más complejos.

En la tarde pasé a buscar el periódico en la librería de Isaac, como otras tantas veces. Me contó sus experiencias con seres del más allá que se le presentaban, pues él es médium y tiene facultades para ver y hablar con los fallecidos, Esta vez me dijo:

—Doctor Vladimir, tengo que contarle algo muy interesante que me pasó anoche. Nos fuimos a un rincón de la tienda. Isaac un poco nervioso, me contó:

—Anoche se me presentó el señor Demetrio. Yo me quedé sorprendido. Aunque no fuimos amigos, éramos conocidos y siempre nos veíamos y hablábamos de todo. Mi sorpresa era que él tiene unos doce años de fallecido y me supuse que estaría en otro plano, pues fue un buen hombre.

Le pregunté a Isaac de qué habían hablado y me dijo lo vio un poco más joven que cuando murió. Le dijo que estaba muy bien y feliz, y se marchó.

—Sorpresas tiene la vida y también la muerte, pues nunca pensé que el señor Demetrio estaría todavía en este plano terrestre, después de tantos años.

En la noche estaba meditando en el patio de mi casa, a la luz de una luna llena. Mi mente estaba flotando entre luces y colores y a lo lejos escuchaba como una música muy suave que me llegaba como traída por la brisa, una música tan extrañamente bella que no era de este mundo: era una música que llenaba el alma de regocijo y de una emoción muy particular, difícil de describir con palabras.

En eso sentí una presencia a mi lado. Para mi sorpresa vi al señor Demetrio parado a mi lado, sonriendo. Me preguntó:

—*¿Cómo estás, Vladimir?*

—Yo muy bien, ¿y tú? ¿Cómo te encuentras? ¿Por qué estás todavía en este plano?

Él se rio y contestó:

—*Porque así lo he elegido.*

—¿Cómo va a ser? ¿No has ascendido por voluntad propia?

—*Sí, así es.*

—¿Y tú maestro guía no se te ha presentado?

—*No, no he visto a nadie, pero supe que debía decidir si seguía aquí o me iba. Y decidí quedarme al lado de mi familia.*

—¿Pero cómo haces si ellos no saben que estás aquí porque no te ven?

—*No me importa ya. Esto me afectó mucho al principio, pero ahora me conformo con verlos y protegerlos. No quiero separarme de ellos.*

—Bueno, amigo Demetrio, no puedes permanecer aquí por siempre. Tendrás que irte en algún momento.

—*No, no me iré nunca.*

—¿Has visto a otras personas que conociste en vida?

—No, a nadie.

—¿Cómo haces cada día? ¿Estás en tu casa o estás en otro lado?

—*Estoy en otro sitio, pero al pensar en mi familia, inmediatamente, me encuentro en casa con ellos.*

—Ese otro sitio donde vives, ¿cómo es?

—*Estoy en un apartamento y tengo un gato conmigo.*

—¿Trabajas en algo?

—*No.*

—¿Y cómo pagas el alquiler?

—*No hay nadie que me cobre. El apartamento está abandonado.*

—¿Qué comes?

—*No me da hambre. La verdad que hasta ahora no había pensado en esto...*

—¿Qué haces con tu tiempo?

—*Visito a mis amigos.*

—Pero ellos no te ven.

—*No me importa. Yo disfruto viéndolos y recordando tiempos pasados.*

—Demetrio, ¿sabes que estás muerto, verdad?

—*Sí, pero todavía no entiendo nada de lo que me pasó.*

—Tienes que desprenderte de este plano e irte al plano espiritual que te corresponde para que sigas evolucionando espiritualmente.

—*¿Para qué, si estoy bien aquí?*

—Tienes que entender que estás en un limbo: no estás el plano material terrestre ni estás en el plano espiritual, y ya han pasado doce años desde que falleciste.

—*Sí, de eso me he dado cuenta, pero parece que sucedió ayer, ¿Estás seguro de que morí hace doce años?*

—Sí, estoy seguro.

Demetrio se quedó callado. Lo vi pensativo.

—*Vladimir, ¿cómo hago para irme? Ayúdame a ascender, como tú dices, e irme al plano que me corresponde, porque nadie me ha ayudado antes.*

—Supongo que es porque decidiste quedarte un tiempo más y la voluntad y el libre albedrío de cada ser humano se respeta: esa es la ley. Pídele a tu maestro guía que se presente y te ayude a ascender, que te guíe hacia el plano espiritual que te corresponde.

—*¿Cómo lo hago?*

—Piensa y pídele ayuda. Te escuchará y vendrá a ti. Yo pienso que por algo te comunicaste conmigo: todo tiene su razón de ser, no existe la casualidad sino la causalidad.

—*Estoy pidiendo, pero no veo a nadie.*

—Tranquilo: yo también pediré por ti para que asciendas y no sigas vagando en este limbo.

Hice una invocación a los Maestros Superiores de Luz, para que le iluminen su camino, pues él estaba preparado para ascender.

—Demetrio, ¿ves algo?

—*No, no veo nada ni a nadie.*

—Concéntrate con calma y ya vendrán por ti.

—*¡Ay! Alguien me agarró de la mano.*

—Mira a ver quién es.

—*No puedo ver porque está rodeado de mucha luz. Tengo miedo, no quiero ir, quiero estar con mi familia.*

—Ya es tiempo de irte, ve con ese ser...

—*Siento que me llevan, pero muy suavemente. Ya no tengo miedo, estoy flotando junto a la luz, pero no puedo ver quién me lleva.*

—Háblale y pregúntale a dónde te lleva.

—*Me dice que ya es mi tiempo y que me llevaba a donde pertenezco, para continuar evolucionando. No entiendo nada pero siento una gran paz y felicidad. Estoy entrando a un gran túnel muy luminoso. Ese ser me ha soltado la mano. Ahora hay algo que me atrae dentro del túnel y la luz me abraza y me lleva... ¡Gracias, Vladimir! ¡Adiós!*

Demetrio se fue. Me sentí contento por haberlo ayudado. ¡Qué cosas misteriosas y maravillosas hay entre la vida y la muerte! O mejor dicho, entre la vida acá y la vida allá.

MORIR EN GRUPO

Cuando suceden grandes accidentes, por ejemplo cuando se cae un avión, se descarrila un tren, hay un terremoto, un tsunami o una guerra, ¿qué sucede realmente con todos esos seres que mueren juntos? ¿Van todos ellos al mismo plano espiritual? Realmente no es así, pues cada ser tiene su propia evolución, su propia vibración, sus creencias espirituales y su preparación espiritual para aceptar y entender la transición de la muerte o el paso a otro modo de vida.

Cuando sucede un desastre grande donde mueren muchas personas, aunque fallecen juntas, no se ven unos a otros, debido a que cada se encuentra en otro plano antes del ascenso hacia la luz: están en un limbo entre planos. Algunos se encuentran solos, vagando sin saber que sucede con ellos; otros se apegan a la familia o a los ambos y tratan de actuar como siempre, como antes, pero se dan cuenta de que no pueden Interactuar en el plano material, pues no tienen un cuerpo sólido, sino que están en un envoltorio sutil, de una energía diferente que no puede desenvolverse en el plano terrestre. Generalmente las muertes en grupo son karmáticas: el destino une a las personas que deben pasar de plano en un mismo sitio y bajo las mismas circunstancias.

Hay seres que pueden permanecer muchos años en el sitio del accidente o el lugar de su fallecimiento y esos son los mismas que vemos en carreteras o en casas donde hubo asesinatos y muertes violentas. Esos seres quedan ligados al lugar hasta que hacen consciencia de su situación y ascienden al plano que les corresponde. Otros seres reciben ayuda de los Maestros Guía o de algún familiar que los ayudan a pasar hacia el plano que les corresponde espiritualmente.

Hay otros seres que han actuado mal y se arrepienten de lis actos, pero necesitan del perdón de la persona o personas quien le hizo mal, pues les remuerde la conciencia y necesitan de ese perdón para ascender y estar en paz. Este proceso puede durar muchos años y a veces no son per-donados nunca por sus actos. Así actúa la ley de causa y efecto: lo que se siembra, se cosecha. Los errores se pagan y cada uno de nosotros es su propio juez. Nuestra consciencia es la que nos juzga y a la que no podemos evadir ni engañar.

Existen otros seres que, como no creen en la muerte, no la aceptan y se encuentran aletargados espiritualmente, pues, no están conscientes de su estado. Otros no aceptan separarse de su esposa, de su novia o de sus hijos, y permanecen junto a ellos protegiéndolos, guiándolos a nivel subconsciente, como ya hemos visto en algunos casos narrados en este libro. Lógicamente, mientras más evolucionado es el ser, más puede interactuar con sus seres queridos. Como en el plano así que están, no existe ni tiempo ni espacio, pueden permanecer en la Tierra por muchísimos años.

Otros seres humanos son muy viciosos y no quieren abandonar la Tierra. Se desenvuelven en los bares, con drogadictos y prostitutas. Por ejemplo, el que fue alcohólico en vida, se la pasa en los bares y se le pega a algún borracho y disfruta del alcohol que el otro consume, por el vapor etílico que se desprende, con la salvedad de que el fallecido no se emborracha. Lo mismo sucede en los prostíbulos: el fallecido se le pega por afinidad vibracional a alguna persona. Al tener estas relaciones sexuales, el fallecido disfruta también, percibiendo todas las sensaciones a través de las vibraciones que se producen en el acto carnal. Lo mismo sucede con los drogadictos. Ellos frecuentan ciertos antros de vicio y se les pegan a las personas que van allí a drogarse y disfrutan con ellos de sus vicios. Lo mismo pasa con los ludópatas, que van de casino en casino, o a los sitios donde solían jugar, y disfrutan junto a los jugadores de sus vicios.

Para quienes tenemos facultades paranormales, estemos donde estemos, vemos seres fallecidos a nuestro alrededor, que interactúan con nosotros desde un plano más sutil y, por simpatías y afinidades, se acercan a ciertas personas que ni siquiera se dan cuenta de lo que sucede: tienen a un fallecido, o a varios, a su lado, disfrutando con él o con ella de lo que hacen usualmente.

Los planos de la vida se bifurcan. Los que estamos aquí, los que están allá y los que se quedan entre los dos planos, ni están aquí ni están allá. En este estado de existencia hay millones y millones de seres, que no han encontrado su camino hacia la luz o que no quieren ascender y prefieren permanecer en este plano que les gusta y los llena, aunque no puedan vivirlo a plenitud porque ya no pertenecen a él.

ALMAS PERDIDAS EN EL CAMINO

Siempre se ha pensado que la mayoría de los fenómenos fantasmales son provocados por muertos que aún están vagando en el mundo de los vivos, ya sea cumpliendo una

Especie de condena, por algún asunto inconcluso, o porque murieron antes de cumplir su ciclo de vida. Tal vez ni siguiera están conscientes de que han muerto, de que ya no pertenecen a este mundo.

Vida en el más allá... ¿Adónde vamos al morir? Vemos la luz al final de un túnel: el paso a otra dimensión. Todas estas ideas pasan por nuestras mentes cada vez que se habla la muerte. Y también sale el tema de las almas en pena se aparecen en diferentes sitios y distintas circunstancias y son vistas por muchísimas personas en todas partes del mundo.

Las personas que mueren violentamente en accidentes de tránsito, generalmente se quedan penando en esos lugares, pues desconocen y no aceptan que están muertos. Estas almas en pena o fantasmas, al no saber que han fallecido, aren que todavía están vivos y pertenecen a este mundo, en este plano de existencia. Por ello buscan explicaciones a todo lo que le sucede. Las personas allegadas y sus familiares los ignoran, no pueden comunicarse con ellos ni con otras personas, a menos que sea alguien con facultades paranormales.

También existen muchas almas en pena que dejaron cosas pendientes, que no lograron concretar: pedir perdón a alguien, dejar un mensaje o un secreto, entre otras cosas las alma sigue en este plano hasta lograr resolver su angustia y preocupación y no puede descansar en paz hasta lograrlo. También existen otras explicaciones a la existencia de fantasmas o almas errantes: son seres que se manifiestan en el cruce de planos de tiempo y de otras dimensiones, donde también hay vida. Esos seres pueden cruzarse, en ciertas circunstancias, en nuestro camino gracias a fenómenos que desconocemos pero que han venido sucediendo a través del tiempo y en distintas épocas.

Estamos rodeados de muchos misterios, fenómenos inexplicables para nuestro conocimiento actual, pero que algún día lograremos descifrar y saber: conocer más sobre la vida y la muerte, los dos misterios más grandes del universo.

Realmente, ningún ser humano se encuentra solo al morir, pero su ceguera espiritual puede bloquearlo y no verá a nadie a su alrededor. Aunque tenga asistencia espiritual, no se dará cuenta de ello. Por regla, los fallecidos ven una luz muy brillante, es una luz blanca intensa, que al entrar en contacto con ella hace sentir un gran amor, algo indescriptible, algo inimaginable. La muerte es el paso a un nuevo estado de consciencia en el que se continúa experimentado y sintiendo todo, pero de una manera más intensa, más clara.

En el momento de la muerte, sucede una transformación: es nacer al otro lado, en donde nos esperan guías espirituales, ángeles protectores y seres queridos que fallecieron antes y se encontrarán cerca para ayudar y apoyar en dicha transición. Es necesario abrirse a la espiritualidad y al conocimiento espiritual. Perdiendo el miedo se podrá comprender y así acceder a conocimientos psicoespirituales superiores.

La chispa divina que tenemos cada uno de nosotros procede de la fuente divina que es nuestra alma. Ella nunca muere y es la que evoluciona y se supera con cada reencarnación, aprendiendo y superándose en el camino espiritual, que es realmente la finalidad ulterior de todo ser. El cuerpo físico no es más que un envoltorio, una casa que habitamos durante un tiempo en el plano físico, en la cual nos podemos manifestar y evolucionar en este plano hasta la transición que llamamos muerte. Entonces abandonamos este cuerpo y quedamos en nuestro cuerpo etéreo o astral, un cuerpo igual al anterior, pero más sutil y con una vibración mucho más elevada. En ese cuerpo no tenemos necesidades físicas como cuando vivíamos en el plano material. Nos libramos de las enfermedades y siempre estamos completos, sin problemas físicos de ninguna índole. En la medida en que nos acercamos a nuestra entidad interior, a nuestro "yo espiritual" o "yo superior", se expande nuestra consciencia y nos damos cuenta de que somos guiados por este "yo superior", por esta esencia inmortal.

Debemos darnos cuenta de que la experiencia de la muerte es casi idéntica a la del nacimiento, solo que es un nacimiento a otra existencia, a otra vida.

CUANDO DORMIMOS EL ALMA SALE DEL CUERPO

Cuando nos estamos quedando dormidos, deslizándonos lentamente hacia un sueño profundo, el alma sale del cuerpo y asciende hacia otros planos de vibración, donde tiene muchas experiencias y contacto con otros seres. Allí se recarga de energía, librándose por unas horas del cuerpo físico. También el cuerpo físico descansa y se recarga de energía. Así, cuando se despierta y el alma vuelve a tener dominio sobre el cuerpo físico, viene renovada y con nuevas energías para seguir con la vida en el plano material.

Muchas veces, no descansamos plenamente. Por algún problema no se puede dormir y entonces el alma no puede salir del cuerpo. Por ende, no se carga de energía y la persona amanece mal, cansada y de mal humor.

El mundo onírico es muy interesante. Realmente no sabemos, a ciencia cierta, adonde va el alma durante el sueño y en qué planos de vibración se desenvuelve, cuántos de los sueños son experiencias reales en diferentes sitios y con otras personas y cuántos son solo emociones del subconsciente plasmadas por problemas, temores e inquietudes del día a día.

Nuestra alma va mucho más allá del plano físico y se desenvuelve en realidades múltiples. Nuestra consciencia nunca descansa: lo que ocurre noche tras noche es un cambio de realidad a través de lo que se conoce como "desdoblamiento" o "viaje astral". Es un proceso similar a la muerte, pero con algunas diferencias notorias. En primer lugar, el cuerpo físico no deja de funcionar. Aparte de eso, mantenemos un enlace-permanente entre este mundo y el plano astral, por medio de lo que se conoce como el cordón de plata, el cual funciona como una especie de anclaje a este plano de existencia, que no nos permite quedarnos permanentemente en el otro mundo paralelo. Cuando se rompe ese cordón nos vamos permanentemente del plano físico: es la muerte en el plano físico y el renacer en el otro plano de existencia, otro plano de vida. Mi búsqueda de la sabiduría, de la paz espiritual y de la consciencia de las realidades visibles e invisibles, me induce a transitar por diferentes planos de existencia, pues nuestra vida es un viaje constante. Del nacimiento a la muerte cambia el paisaje, cambian las personas, las situaciones varían y volvemos una y otra vez. Soy ahora el resultado de todos mis pensamientos, sentimientos y acciones realizadas durante mis diferentes vidas anteriores, reencarnación tras reencarnación.

CASUALIDAD O CAUSALIDAD

La selección de los padres, el entorno al nacer, el médico que nos trae al mundo, la forma de nacer, ya sea natural o por cesárea, todo tiene su razón de ser. Tener o no hermanos, familiares, amigos y conocidos... Todos ellos estuvieron relacionados con nosotros de alguna manera, ya sea como madres, padres, hermanos, tíos o simplemente conocidos. Los amigos de esta vida pudieron ser los familiares en otra anterior. Las personas que queremos y las que no queremos, con los cuales tenemos problemas o desavenencias, vuelven a estar allí, por situaciones que se arrastran de vidas anteriores y que tenemos que resolver: saldar deudas karmáticas. Esto solo se puede lograr haciendo consciencia de todas esas situaciones del pasado que se repiten de diferentes formas en la reencarnación actual.

Hay situaciones que son karmáticas: la relación con familias, amigos, conocidos o con personas aparentemente casuales en nuestras vidas. A veces son situaciones negativas, problemáticas, agresivas, que por más que tratemos no podemos armonizar ni resolver. En estos casos, se trata de situaciones fuertes, de situaciones graves de otras vidas, bajo piras circunstancias, que debemos de analizar y solucionar en esta vida.

Nada es casual sino causal: todo tiene su causa y su efecto. Muchas veces arrastramos problemas sin solucionar a naves de varias vidas, porque no analizamos dichos problemas ni hacemos consciencia de ellos. Debemos aprender muchas lecciones, corregir errores, comportamientos equivocados y repetitivos. La evolución es superar los problemas con plena consciencia.

Crear dharmas y no karmas. Cuando tenemos dharmas es porque hemos superado muchos problemas y aprendido lecciones. Así gozamos de compensaciones con armonía, bienestar, amor, abundancia y, muchas veces, con la felicidad. Estos no son regalos que nos da el destino: somos nosotros y solo, nosotros quienes nos ganamos con esfuerzo propio el derecho a vivir mejor y ser felices.

TEORÍA DE LA REENCARNACIÓN

La teoría de la reencarnación afirma, básicamente, lo siguiente: el ser humano es esencialmente un ser espiritual, un alma que preexiste a su vida física, siendo de naturaleza espiritual, reside en ámbitos dimensionales suprafísicos de la realidad común que conocemos.

El cuerpo físico, al igual que otros cuerpos más sutiles que forman parte de su personalidad integral, realiza la función de vestidura o vehículo para expresarse en el plano material. Esto nos sitúa en la cosmología multidimensional de las distintas tradiciones religiosas y de las enseñanzas esotéricas contemporáneas.

El plano físico es solo uno de los tantos niveles existentes dentro de la escalera jerarquizada de planos de existencia. Es por esos planos de existencia que transita el alma en su evolución, en sus diferentes reencarnaciones. Esas regiones están habitadas por diversos tipos de seres y su existencia permite comprender mejor una amplia serie de fenómenos.

El proceso de la reencarnación forma parte de un inmenso plan cósmico, regido por leyes que escapan al conocimiento de las ciencias actuales. Nos hallamos en un cosmos regulado éticamente, regido por una justicia suprahumana, por medio de la cual todas las acciones o karmas realizadas, incluidos los pensamientos, los sentimientos y las palabras producen un efecto bien determinado, que repercute no solo en una vida, sino en vidas posteriores: la ley de causa y efecto es inexorable.

Esto hace que las condiciones en que nos hallamos en cada vida estén directamente relacionadas con nuestro comportamiento ético en existencias anteriores, o sea, nuestro karma y nuestro dharma.

Existen jerarquías espirituales encargadas de regular el karma de cada individuo. La ley del karma y dharma y la reencarnación, lejos de suponer un determinismo absoluto, según el cual todo lo que nos sucede en la vida estaría determinado por acciones anteriores, suele ir unida a una concepción en la que la libertad del ser humano desempeña un papel central. Solo así cobra todo su sentido moral.

Sin libre albedrío no habría ningún mérito evolutivo. Estamos regidos por nuestras acciones, que marcan nuestro destino para bien o para mal, dependiendo de ellas. Pero siempre tenemos el derecho de elegir cómo vamos a actuar: hacer lo correcto o no. Somos los dueños de nuestro destino: está marcado por nuestras acciones, las cuales hemos elegido libremente y tenemos que atenernos a las consecuencias, sean cuales fueren. Lo que sembramos es lo que vamos cosechar. Nadie es culpable de la desgracia ajena. Dios tampoco es culpable de nuestros errores: cada uno de nosotros solamente nosotros somos responsables de lo bueno o de lo malo que nos sucede.

Tenemos que entender que la reencarnación ya no es una simple creencia, está probada científicamente y la certeza de su realidad cambiará todos nuestros conceptos de la vida y de la muerte y, más aún, cambiará el mundo. A lo largo de la historia, la creencia en la reencarnación es una constante. Existen pruebas sorprendentes en las cuales niños recordaron sus vidas pasadas. Podían llegar incluso a reconocer a mis parientes en sus otras vidas, llamándoles por sus nombres y hablándoles de detalles de las vidas que habían tenido juntos. Además, explicaban los pormenores de sus muertes, que se corresponden con las marcas de nacimiento que han tenido. Incluso, en muchos casos, se han llegado a encontrar documentos de las autopsias que detallaban el lugar exacto de las lesiones de los fallecidos, concretamente en el mismo sitio en el cual los niños presentaban sus marcas.

Por mis investigaciones, puedo decir que la gran mayoría de las dolencias que padecemos, tienen su origen en vidas pasadas, sobre todo los dolores crónicos: asma, úlceras, problemas psicosomáticos, migrañas... Por ejemplo, una llaga en el estómago puede estar inducida porque hace varias reencarnaciones le dispararon a esa persona justamente en el estómago, y esa lesión permanece allí, manifestándose.

Las personas que fallecen tienen su tiempo para reencarnar. Pero esto depende de muchos factores. El término medio es de unos treinta años, pues hay una aceleración de los reencarnados, ya que estamos al final de una era y a comienzos de otra, y los seres quieren librarse de karmas y acelerar su evolución. Cuanto mayor es la persona que muere, más tarda en volver a reencarnar, pues tiene que pro cesar y analizar toda su vida. Las personas que mueren muy jóvenes vuelven pronto a nacer, pues lo que tienen que analizar de sus vidas es muy poco.

Mucha gente se pregunta cómo es posible que las personas, al fallecer, vayan a otro plano espiritual y no estén conscientes de ello, pues al principio, en el momento de la muerte, todo es confuso y el alma necesita un tiempo para reconocerse y entender que está en otro plano de existencia: hay mucho aturdimiento. Es como estar despertando de un sueño profundo. La lucidez de las ideas y la memoria del pasado le vuelven a medida que se extingue la influencia de la materia. La duración de la turbación sucesiva a la muerte es muy variable. Puede durar unas horas, unos meses o muchos años. Todo depende de la evolución espiritual del individuo.

En los casos de muertes violentas como el suicidio, accidentes fatales, apoplejías o infartos fulminantes, el espíritu queda sorprendido: no cree estar muerto y lo sostiene con terquedad. Ve, sin embargo, su cuerpo inerte; sabe con certeza que es su cuerpo y no comprende por qué se encuentra fuera de él y separado. Se acerca a su familia, amigos y conocidos y no comprende por qué no lo oyen, por qué no lo ven y por qué no lo toman en cuenta. La confusión dura, en la mayoría de los casos, hasta completar la separación del periespíritu y, hasta entonces, no se reconoce ni se comprende que se ha dejado de pertenecer al mundo material y está ahora en el plano espiritual.

Las experiencias cercanas a la muerte son, por ahora, la prueba más contundente de la existencia de vida después de la vida. Curiosamente, la mayoría de los testimonios coinciden: personas clínicamente muertas que viajaron al más allá y visitaron un lugar de luz donde sintieron una gran dicha y felicidad indescriptible. A su regreso, todas las personas sufrieron una profunda transformación al descubrir que el amor y el conocimiento será lo único que podrán llevarse al otro mundo en su partida de este plano.

Existen otras muchas evidencias que avalan la existencia de vida después de la muerte, como el contacto que se produce con difuntos a través de la escritura automática, los médiums o los soportes electrónicos como la televisión, radio, computadora o teléfono. Esto, sin contar los relatos aportados por la terapia de regresión a vidas pasa-il.is durante la cual, curiosamente, al recordar su muerte en existencias anteriores, los pacientes hipnotizados describen vivencias muy reales.

FENÓMENOS DEL MÁS ALLÁ

Miles de personas en todo el mundo afirman haber pasado por una experiencia de la muerte, en la que han vivido el paso por el túnel que parece marcar la frontera con el más allá. ¿Pero qué ocurre cuando el espíritu atraviesa definitivamente esa frontera? ¿Cómo es nuestro cuerpo, como nos vemos en el otro lado? ¿Seguimos siendo los mismos, nos vemos igual? ¿Tenemos cuerpos sutiles o somos espectros de apariencia diferente? Realmente las posibilidades son muchas y muy distintas.

Hay espectros etéreos de apariencia monstruosa, fantasmas ensabanados que arrastran cadenas, espíritus sutiles y transparentes, apariciones corpóreas y tridimensionales. Las descripciones de los millones de testigos de experiencias con el más allá son de lo más variadas. Por lo general, los relatos de personas que han vivido la experiencia de la muerte clínica repiten los mismos elementos descriptivos de la serie de acontecimientos que siguen: la sensación de ascenso, como si algo los atrajera, ver su propio cuerpo y estar flotando encima de él, visualizar un túnel de luz muy intensa, ver como una película toda la vida pasada, analizarla y volver a sentir las emociones vividas, analizar lo bueno y lo malo que se ha hecho...

Aquí es necesario hacer una distinción entre el concepto de fantasma y espectro. Están las clásicas apariciones fantasmales asociadas a un lugar concreto: una casa o un castillo antiguo. Por otro lado, existen las apariciones asociadas a una persona que podría ser un espectro, de algún personaje famoso, que se manifiesta específicamente en ciertos lugares. En muy pocas ocasiones, los espectros observados corresponden a figuras de apariencia monstruosa: en la mayoría de las ocasiones tienen aspecto casi humano.

Muchos testigos de las apariciones fantasmales describen al difunto como etéreo, casi transparente. Los aparecidos hacen acto de presencia en lugares que frecuentaron en vida: sentados en su sillón favorito, deambulando por la casa donde vivió, actuando como si estuviera en el plano material, pero siendo un espíritu.

La mayor parte de los espectros tienen una apariencia humana y tridimensional. Aunque se vean incorpóreos, tienen un cuerpo etéreo o astral. El aspecto de los aparecidos es habitualmente de una edad menor de la que poseían en el momento de fallecer. Generalmente se ven juveniles y radiantes. Un aparecido puede dejar huellas de su presencia, lo que hace pensar en que tienen cierta consistencia física.

Frente a quienes piensan que todo termina con la muerte, abundan quienes creen que el amor es capaz de superar esa barrera, aparentemente infranqueable, y que los seres que nos amaron en vida pueden cuidar de nosotros desde el más allá. Miles de experiencias vividas por gente de todas las épocas nos sugieren que los lazos de amor sobreviven a la desaparición de nuestro cuerpo físico. La realidad es que nuestros seres queridos, ya fallecidos, se pueden comunicar con nosotros de distintas maneras y protegernos y ayudarnos en muchos casos.

Podemos confirmar que el amor es más poderoso que la muerte, que como ya hemos dicho, es realmente una transición de un plano de existencia a otro de vibración más elevada. Hijos que se han muerto han vuelto para avisar a sus padres que se encuentran bien; madres que han fallecido se encuentran cerca de sus hijos para protegerlos y ayudarlos. Existen muchísimas pruebas de ello: muchos de esos fallecidos quieren volver para decirles a sus seres queridos que- la vida sigue, que continúa de una manera diferente, más elevada, pero que nada termina.

Después de la muerte del cuerpo físico es posible regresar a este mundo por amor, pero también para terminar cuestiones pendientes. Hay que entender que la muerte no disuelve los lazos afectivos que nos unen a nuestros seres queridos. Debemos recordar que las limitaciones del espacio y el tiempo no existen para los espíritus de los muertos.

Una de las principales razones por las que se realiza el contacto con los fallecidos es por añoranza. Pero muchas existen veces motivos más profundos, por ejemplo, tener la certeza, la seguridad de que la vida no se acaba con la muerte.

Existen muchos médicos que curan desde el más allá. Son entidades de personas fallecidas que moran en otro plano de existencia, pero que realizan curaciones por medio de un médium que eligen como materia o vehículo físico. Toman posesión de esa materia y se manifiestan físicamente a través de ese cuerpo prestado para realizar curaciones y operaciones de todo tipo, pero utilizando la energía espiritual, un tipo de energía que ellos manejan y utilizan para lograr cumplir su obra. Existen miles de pacientes curados de sus enfermedades por médicos del más allá.

Vivimos en un mundo lleno de misterios, que por más que investiguemos, siempre terminan apareciendo nuevos enigmas y más profundos, que por más que profundicemos, no llegamos a descifrar por completo.

En este sentido, los médiums son uno de los puentes de enlace entre los dos mundos: el físico y el espiritual. La mediumnidad consiste en la facultad de ver a los espíritus, de hablar con ellos y prestar el cuerpo físico para que estos se comuniquen con el plano material. Los espíritus se manifiestan de una manera más clara utilizando la energía que emana de los seres encarnados.

EL CASO DE FERNANDO

—Soy un gran aficionado al deporte. Desde muy joven me gustaban y los practiqué. Era un día soleado y me encontraba en el club, jugando tenis. Todo iba muy bien, cuando de repente comencé a sentir un fuerte dolor en el pecho y me flaqueo mi mano izquierda. Todo me daba vueltas y no supe más nada de mí. Me encontraba flotando en el quirófano: abajo veía a los médicos y enfermeras afanados sobre mi cuerpo, pero yo no sentía ninguna emoción en verme allá abajo. Oía perfectamente lo que hablaban los médicos y las enfermeras: supe que tuve un infarto y me estaban poniendo un bypass. En eso, oigo que un médico le dice al otro: "No logro reanimarlo, no responde el corazón. Parece que lo perdimos". Entonces sentí un jalón muy fuerte. Me vi en un salón muy luminoso. Traté de ver por dónde entraba la luz, pero no logré averiguarlo. En eso sentí una presencia y al voltearme vi a mi tía Lucrecia, quien había fallecido hacía diez años. Se veía muy feliz y contenta. Me sonrió y me dijo: "Yo te voy a acompañar. Por allí están tus abuelos". Miré para todos lados pero no vi a nadie más. Mi tía me iba a decir algo, cuando apareció un ser alto y luminoso que me hizo señas de que lo siguiera. Me sentí flotando a su lado y regresé al quirófano, donde los médicos estaban tratando de reanimarme. Realmente no me importaba si lo lograban o no, quería más bien volver al salón de luz y estar con mi tía.

De repente me vi rodeado de una sombra muy espesa y no supe más nada de mí. Me encontraba como en un limbo. Sentí mucho miedo: no entendía dónde estaba ni por qué. En eso lo lejos, vislumbre una fuerte luz que se acercaba a mí. Al llegar a mi lado supe que era un ser de mucha luz, pero por más que trataba no pude ver su rostro. La luz era muy fuerte y me llevó a un lugar que no puedo definir si era un jardín o un cuarto con flores. Entré allí y el ser desapareció. En eso comencé a ver toda mi vida con lujo de detalles y volví a revivir muchas situaciones. Podía sentir lo que quienes me rodeaban sentían, cosas buenas y malas. Era como ver una película de toda mi vida, con los mínimos detalles y con todas las situaciones que he vivido y que se me habían olvidado; todo estaba allí. Fue un análisis minucioso y profundo.

Lo siguiente que vi fue la aparición del ser de luz: no sé bien si era el mismo o era otro, pues no logré ver su cara ni antes ni ahora. Me dijo... no, realmente no me habló: oí sus palabras en mi mente: "Debes volver, te toca terminar tu ciclo de vida y cumplir con tu misión en el plano material". Sentí otro jalón y estaba de nuevo dentro de mi cuerpo. Me sentí como un prisionero: una sensación muy desagradable y traumática, después de sentirme libre y con plena armonía en el lugar en que me encontraba. Una voz me dijo: "Tranquilo, todo estará bien. Duerme, descansa...".

Cuando me desperté estaba adolorido. Las enfermeras se veían contentas. Me dijeron que ya venía el médico a verme. Recordé cuando me encontraba flotando dentro del quirófano y lo veía y oía todo. Recordé la experiencia que tuve, pero realmente no estaba seguro si lo viví o si era solo un sueño. Lo cierto es que volví a la vida: tenía otra oportunidad. Recordé las palabras, "tienes una misión que cumplir", pero no me dijo cuál era esa misión. Eso me preocupaba: si no sé cuál es mi misión, ¿cómo la voy a cumplir? Me sentí muy débil y me dormí pensando en cuál sería mi misión en la vida y si la podría cumplir. Le pedí a Dios que me iluminara.

LA EXPERIENCIA DE ROSA

—Tuve muchos problemas con mi esposo. También hubo problemas económicos, pues tenemos dos hijos y estaba embarazada del tercero. Todo esto me provocó una subida de tensión. Me vi muy mal y terminé en el hospital. Sentía mucho dolor, pero al rato me encontraba fuera de mi cuerpo, flotando en la habitación donde me tenían. Vi mi cuerpo en la cama: estaba como dormida. Vi a los médicos y oí cuando dijeron que estaba por dar a luz. Fue lo último que escuché. Entonces comencé a ascender hasta estar por encima del techo. Vi los postes de luz y seguí subiendo hasta encontrarme dentro de una cueva. Al final de la cueva me encontré con muchas personas. Vi a varios familiares míos: mis abuelos y mis tíos, todos muertos hace años. Se me acercó un ser vestido con túnica blanca. Me saludó y me sentí abrazada con mucho amor, pero era solo la sensación, pues el ser nunca me tocó. Me llevó a pasear por un jardín enorme, con muchas flores y árboles frutales, con niños jugando alegres y personas charlando en grupos. Se veían felices y radiantes como si los envolviera una energía luminosa. El ser estuvo conversando conmigo acerca de mi vida, de mi hogar, de mis hijos. Yo me sentí muy feliz, plena y dichosa. Entonces me tomó de la mano y me dijo: "Ahora debes regresar. Todos te esperan". Yo no quería regresar, pero el ser insistió. Caminó conmigo y me condujo al mismo túnel por donde llegué. Sentí como si me llamaran. Un instante después me encontraba en mi cuerpo de nuevo. Las enfermeras y los médicos hablando entre ellos: "Ya volvió en sí. Ahora podrá dar a luz". ¿Cómo puedo olvidar todo lo vivido en el más allá? ¿Quién me va a creer? Nunca pensé que había algo transcendental después de la muerte. Ahora estoy segura de que la vida sigue en otro lado, y que allí todos son felices, todo es armonía y bienestar.

EL CASO DE CARLOS

—Iba a salir de vacaciones con mis padres, pero hacía varios días que sentía un dolor muy agudo en el costado derecho, que a medida que pasaban los días iba empeorando. Al final me llevaron al hospital: estaba muy mal. Me metieron en un quirófano de emergencia. Sentí un sacudón y me vi flotando por encima de mi cuerpo, oyendo las conversaciones de los médicos: "El muchacho está muy mal. Se le reventó el apéndice. Tiene peritonitis aguda. Está muy infectado". Lo oí todo pero realmente no me preocupó. Era como si se tratara de otra persona y no de mí. Comencé a subir y subir dentro de un túnel oscuro. Me dio un miedo horrible. Estaba como en shock, pero de repente vi una luz muy fuerte y en instantes estaba saliendo del túnel hacia la luz. Me vi en un edificio de cristal, lleno de luz. Vi unas personas conversando pero parece que no me veían o simplemente me estaban ignorando. Mientras, caminaba por el edificio, entrando y saliendo de diferentes habitaciones, todas luminosas con una luz que no podría describir. No tengo palabras para explicar qué tipo de luz era y tampoco cómo me sentía... dichoso, feliz y sin dolor. Pero por sobre lodo sentía una paz espiritual profunda, me sentía pleno: no me faltaba nada, lo tenía todo.

Se me acercó un señor, vestido normal, y me preguntó: "¿Acabas de llegar?" Le contesté que sí. Me dijo: "Tienes que pasar por el salón especial para los nuevos, o sea, los recién llegados". Le pregunté dónde quedaba ese salón. Me dijo: "Yo no te puedo llevar allí, pero seguro te vendrán a buscar pronto. Así me paso a mí". Lo siguiente que vi era un ser luminoso muy alto. No pude ver su rostro, pues era muy brillante. Sentí una gran tranquilidad y mucho amor. Me hizo una seña para que lo siguiera. Caminamos por muchos pasillos, vi a muchas personas, pero ellos no parecían verme o estaban entretenidos en algunas actividades que yo no sabía. Al llegar a un salón muy grande, el ser luminoso desapareció. Me sentí confundido, pero escuché una voz que me dijo que estuviera tranquilo, que ahora iba a ver mi vida: "Verás lo bueno y lo malo de cada acción y pensamiento. Analiza tu vida". Vi como una película, pero con muchos detalles. Mis sentimientos estaban revueltos entre la alegría y la tristeza. Apenas terminé de ver la película con toda mi vida, hasta lo más mínimo que viví, sentí un gran tirón y me encontré de nuevo en mi cuerpo. Sentí mucho dolor... Mis padres estaban a mi lado en la habitación. Me sentía todavía algo mareado por la anestesia, pero reflexionando y analizando que había regresado de la muerte: tenía otra oportunidad. De ahora en adelante debía ser más cuidadoso con lo que hacía y lo que pensaba, pues el análisis de mi vida que vi en el más allá me hizo reflexionar: tengo que cambiar y ser mejor.

EL CASO DE FLOR

—Estaba cansada de vivir. Tenía muchos problemas: mi novio me abandonó, mi familia peleaba conmigo pues estaba consumiendo drogas, en la universidad me iba muy mal, casi siempre faltaba a las clases y realmente no sabía qué hacer con mi vida. Tenía fuertes depresiones. Usaba drogas para huir de la realidad, pero estaba consciente de que me estaba destruyendo y que así no tenía futuro, o más bien lo tenía, pero muy negro. Una mañana amanecí peor que nunca. No tenía ningún aliciente para seguir viviendo. Había decidido que debía de acabar con mi vida y así terminar con esa agonía diaria que me hostigaba, que me tenía cansada y a la cual no le veía ninguna salida. Ya no estaba esperando nada del futuro. La depresión era tan grande que tomé un frasco de pastillas de mi mamá: las tomé todas.

Lo siguiente: estaba flotando encima de mi cuerpo, que estaba tirado en el baño. Mi mamá daba gritos y pedía ayuda. Entro la vecina y entre las dos trataron de reanimarme, pero yo estaba como muerta. Vino la ambulancia y me llevaron al hospital, donde hubo un revuelo entre médicos y enfermeras, tratando de atenderme rápidamente. Yo parecía una espectadora impasible: realmente no me importaba nada. Floté y volé como una hoja al viento. De pronto me vi en un sitio extraño. A mi lado estaba mi abuela, que también se suicidó hacía varios años. Ella me dijo que no debía haberlo hecho, que era muy negativo quitarse la vida. Me dijo: "Yo estoy arrepentida por lo que hice, y lo he pagado muy caro. Acuérdate de que yo sufría mucho por los dolores de mi enfermedad, pero tú, siendo tan joven y con una vida por delante, no tienes excusa alguna". Me vi transportada a un jardín, pero era muy diferente a todos los que conocía: se escuchaba un coro de ángeles cantando una música celestial difícil de explicar en palabras, pero que me dio una paz tremenda y sentí un amor hacia todos, un amor universal que trasciende los sentimientos egoístas del amor personal. Después me vi en una calle como de cristal y con muchas casas, todas de cristal, llenas de luz. Un ángel muy alto estaba a mi lado y me dijo que observara las vibraciones que llegaban allí por las oraciones de las personas: pura energía en forma de rayos de luz. Después otra voz me dijo que estuviera tranquila, que todo saldría bien. Entonces sopló una brisa caliente y volví a mi cuerpo. Mi mamá y la vecina estaban al lado de mi cama, rezando. Cuando abrí los ojos ambas dieron gracias a Dios.

EL CASO DE CARLOTA

—Esa mañana amanecí muy contenta, pues hacía unos días había conocido un hombre que me gustaba mucho. Estaba muy ilusionada con esta relación. Salí a trabajar como todos los días. El tráfico era horrible pero de repente comenzó a avanzar y me alegre mucho, porque tenía varios días llegando tarde al trabajo. Los pensamientos me daban vuelta en la cabeza. Esa noche iba a salir con él y estaba muy emocionada. Cambió la luz del semáforo y frené bruscamente: la mujer que iba detrás de mí no tuvo tiempo de frenar y me chocó. Sentí un fuerte latigazo, me golpeé la cabeza con el volante... por algún motivo el air bag no se abrió. Lo siguiente que supe de mí era que estaba en una camilla en el hospital. Tenía un fuerte dolor en la columna, me dolía el cuello y además tenía rota la nariz. El dolor era tan fuerte que me desmayé. Me vi en un túnel oscuro, mientras más avanzaba más oscuro se ponía. Me desesperé: estaba ahogada y con deseos de salir de allí. De pronto me vi ante una gran puerta dorada, que al acercarme se abrió. Entré en una ciudad dorada, con edificios dorados, calles doradas, jardines dorados... Al principio no vi persona alguna, pero al rato, mientras avanzaba vi a otras personas: hombres, mujeres y niños. Me sorprendió mucho ver que tomaban frutas de los árboles e inmediatamente crecía otra fruta en su lugar.

Mientras caminaba y me maravillaba con todo eso, apareció a mi lado un ser luminoso, todo dorado, que brillaba de una manera extraña. Traté de ver quién era, pero no pude ver su rostro, pues la luz que irradiaba no me lo permitía. El ser me dijo que tenía que volver, pero que antes debía perdonar a todas las personas que me habían hecho algún daño. Vi como en una película a muchas personas relacionadas conmigo: a algunas las perdoné sin problemas, pero había dos a quienes no quise perdonar. El ser me dijo que debía perdonarlas también, que si no lo hacía no podría ser feliz. Traté, pero no pude perdonarlas:

la rabia contra ellas era muy grande. El ser me dijo que tenía que volver y cumplir con una misión. Le pregunté cuál era mi misión. Me contestó: "Lo irás sabiendo a cada paso del camino. Ahora vuelve". Lo siguiente fue como un golpe fuerte, una sacudida, y me vi de nuevo en mi cuerpo. No me podía mover. Oí a los médicos y a las enfermeras comentar que la operación había salido muy bien, que por poco quedaba paralítica, que me había salvado de milagro. Mis pensamientos estaba volando, pensando en la ciudad dorada, en las frutas que crecían inmediatamente al ser arrancadas del árbol, en el mensaje que me dijo el ser de luz... ¿Qué misión me toca realizar? ¿Por qué yo? No entiendo. Me pregunté a mí misma si sería que tuve un sueño, una fantasía de mi mente o si todo había sido real y el más allá existe. Me dolía la cabeza de tanto pensar. En eso entró una enfermera y me puso una inyección... Después caí en un sueño profundo.

CONTACTO 18

Me desperté muy inquieto, pues la noche anterior me había acostado con un montón de preguntas dando vueltas en mi mente. Tantos enigmas que rodean al ser humano, tantos misterios como la vida y la muerte, tantas cosas que quería saber... Debía encontrar a alguien que pudiera contestar a mis preguntas, aclarar mis dudas. ¿Pero quién? ¿Dónde encontraría a esa persona?

Me sentí mareado, la cabeza me daba vueltas, parecía que estaba en un remolino de energía muy luminosa que me elevaba como si estuviera en un ascensor. Una voz me habló. Trate de ver quién era pero no vi a nadie.

La voz dijo:

—*Tus dudas serán aclaradas según la capacidad que tengas de preguntar correctamente.*

—¿Quién me habla?

—*No importa quién soy, lo que importa es que estoy aquí para aclarar tus dudas. Me encomendaron esta misión y aquí estoy. Pregunta lo que te inquieta, lo que deseas saber.*

—Cuando las personas mueren, ¿adónde van realmente?

—*Todas vienen al "más allá", como ustedes lo llaman.*

—¿Qué es el más allá?

—*El más allá es un mundo paralelo al de la Tierra.*

—¿Cómo se llega allí? ¿Será por el túnel que todos cuentan que ven?

—*Efectivamente: el túnel con la luz al final es la entrada a esta dimensión.*

—¿Las personas que mueren en grupos, van todas al mismo lugar?

—No. Aunque mueran juntos, cada uno va al plano espiritual que le corresponde.

—¿Cuántos planos espirituales hay?

—¿Usted se refiere a cuántos planos existen en la Tierra?

—Sí, ¿cuántos existen aquí?

—Existen siete planos principales, con siete sub-planos cada uno.

—¿Qué funciones tienen esos planos?

—¿Sobre cuál de esos planos le interesa saber?

—Todos me interesan. ¿Qué pasa en cada uno y para qué tenemos aquí tantos planos?

—En este momento sería demasiado largo y complejo explicarle qué función tiene cada plano y cada sub-plano. En otra ocasión se le dará ese conocimiento.

—¿Las personas que se suicidan, son castigadas?

—*Aquí no castigamos a nadie: cada quien es su propio juez y se impone su penitencia. Incluso, a veces es muy fuerte y tenemos que intervenir para suavizarla, pues una cosa es ver las cosas aquí astralmente y otra tener que pagar los karmas en el mundo físico.*

—¿Cuál es el promedio en años para reencarnar después de morir?

—*Depende de cada quien, pues el tiempo de vida es relativo a la misión de cada persona. Pero en promedio son entre veinticinco y treinta años para reencarnar.*

—¿Qué pasa con las personas que mueren y no quieren ascender al plano correspondiente?

—*Aquí no se obliga a nadie a ascender. No hay apuro, pues aquí no funciona ni el tiempo ni el espacio como en el plano terrestre. Cada uno evoluciona según su voluntad y i Opacidad de consciencia.*

—¿Cómo se explica que ahora hay más población en la Tierra? ¿Hay más seres reencarnados? ¿De dónde vinieron?

—*El planeta Tierra es un planeta de expiación y de aprendizaje. Existen muchos planetas, muchos mundos habitados, como en las escuelas, vas pasando de grado a medida que vas aprendiendo. Muchos de los seres reencarnados en la Tierra vienen de otros planetas.*

—En las investigaciones sobre la muerte clínica y el regreso a la vida, muchos de los que han tenido esa experiencia regresan con poderes paranormales. ¿Por qué sucede eso?

—*Generalmente, esa experiencia cercana a la muerte cambia a las personas. Normalmente, las personas viven ¡boqueadas por el temor a la muerte, pero al tener una experiencia de este tipo, las vibraciones que produce tener la consciencia de qué la vida es un simple cambio de vehículo y no un fin, activa ciertas células cerebrales determinadas que han estado dormidas y que producen esas facultades, que por cierto, todos los seres humanos las poseen, pero en la mayoría están dormidas.*

—¿Qué marca el destino del ser humano?

—Al ser humano lo marcan sus pensamientos, sentimientos y acciones. Todo ello modifica su energía, por ende, su entorno y su desenvolvimiento.

—¿Las personas evolucionan en grupo, o sea, en familia?

—*No siempre es así, depende de las lecciones que la persona deba aprender. A veces tienen que reencontrarse durante varias reencarnaciones, con facetas y personalidades diferentes.*

—¿Existe realmente el destino para cada persona?

—*Sí, el destino existe, pero es consecuencia de los actos de cada cual: cada persona se forja su propio destino.*

—¿Hasta dónde tenemos libre albedrío los seres humanos?

—*El libre albedrío es directamente proporcional a la evolución espiritual y a la consciencia que tiene cada uno.*

—¿Cómo podemos transmutar nuestros karmas?

—La única manera de corregir los errores es hacer consciencia del problema, aprendiendo la lección en cada caso y no volviendo a cometer los mismos errores.

—Si un ser extraterrestre que visite la tierra muere aquí, ¿adónde va su alma o espíritu? ¿Al mundo astral de su planeta de origen o al de la Tierra?

—*Si un ser extraterrestre está visitando la Tierra es por algo, y si fallece durante su misión, va al astral del planeta en donde desencarna, pues por algo está allí: para aprender ciertas lecciones en ese mundo.*

—Cada año nacen cerca de setenta millones de seres en la Tierra. ¿De dónde salen tantas almas?

—*Los diferentes mundos habitados son escuelas de aprendizaje. Cuando se aprenden las lecciones de esa escuela o mundo se pasa a un mundo o escuela superior para lecciones más elevadas. Esa es realmente la evolución.*

—Cuando alguien ha aprendido las lecciones de un mundo, ¿puede volver a él o tiene necesariamente que ir a otro superior?

—*Si quiere permanecer como guía o maestro en el mundo del que ya aprendió las lecciones, es por voluntad propia, pues no se obliga a nadie permanecer en ningún mundo. Hay muchos seres que deciden permanecer y ayudar a otros a superar sus pruebas y, por ende, a aprender las lecciones de ese plano evolutivo.*

—Parejas que se han amado mucho, que fueron grandes amores, después de morir, ¿se reencuentran de nuevo?

—*Depende de las lecciones que les falte aprender se vuelven a encontrar en vidas sucesivas. También se pueden reencontrar como premio, es decir, como dahrma. Las almas que evolucionan juntas siempre se reencuentran y se superan en grupo, a través de muchas vidas.*

—¿Existe un límite para poder reencarnar?

—*Realmente no existe un límite: se reencarna tantas veces como sea necesario, para aprender las diferentes lecciones. Pero cuando se llega a un plano superior muy elevado, o sea, cuando se reencarna en un mundo de luz, no es necesarios volver a reencarnar, pues se vive en un cuerpo de luz y con el cual se puede trasladar a diferentes mundos e intervenir en la evolución espiritual de muchos seres desde los planos espirituales, sin tener que tomar un cuerpo denso e interactuar físicamente.*

—¿Cada ser elige los familiares, el medio ambiente y las circunstancias de su vida física?

—*Si el individuo está en capacidad espiritual de hacerlo lo hace, si no, es asesorado por los maestros del karma, para crear todas las circunstancias y poder aprender las lecciones y superarse. Una sola vida no es suficiente para aprender las diferentes lecciones. Desde el mundo espiritual las cosas a veces se ven fáciles, pero al estar reencarnado, todo se complica y se necesitan muchas vidas para superarse y aprender. Muchas veces un ser viene con sus karmas, para aprender las lecciones y superarse, pero lamentablemente comete otros errores y aunque pueda superar y anular unos karmas, comete nuevos errores y se crea otros karmas que tendrá que enfrentar y resolver.*

—¿Realmente cada uno de nosotros tiene un maestro guía que lo asesora y ayuda?

—*Sí, cada uno tiene un maestro guía asignado, pero realmente tiene muchos guías: familiares, amigos, seres que influyen de diversas maneras, de acuerdo con su evolución espiritual. También, cuando se pide a través de las oraciones, vienen otros seres espirituales a ayudar y guiar a la persona. Mientras más consciente está la persona de la vida espiritual y las jerarquías elevadas del mundo, más asesoría y ayuda espiritual recibe. Nadie está nunca solo en la evolución espiritual, siempre nos observan y guían, aunque la persona no esté consciente de ello.*

—¿Los animales tienen alma y evolucionan también?

—*Sí, los animales evolucionan también. Cuando están en contacto con seres humanos, evolucionan mucho más rápido. A los animales también los rigen las leyes espirituales: todo en la naturaleza evoluciona y tiene su energía propia. A ustedes les falta mucho por aprender del mundo natural que los rodea.*

ATRAPADA

Esa mañana traté de comunicarme con el más allá, a ver si me contactaba con alguno de los seres de allí para continuar con mi investigación sobre la muerte, pero no pude hacer contacto con nadie. Por más que traté no hubo contacto. Mientras estaba concentrado, vi a mi lado a una mujer joven, muy bien vestida pero con cara de mucha angustia. Me dijo:

—*¿Puede ayudarme? Estoy perdida.*

Yo me sorprendí con tal aparición, así que le pregunté:

—¿Adónde quiere ir?

—*Estoy encerrada aquí y no puedo salir. Ayúdeme por favor.*

—Pero dígame adonde quiere ir, a ver si la puedo ayudar.

—Realmente no sé porque estoy encerrada aquí, pero no sé adónde ir.

—Cuénteme qué le pasó y cómo llegó aquí.

—*Soy estudiante de la universidad y me falta poco para graduarme. Lo último que recuerdo es haber ido con un grupo de compañeros de clase a una fiesta. En esa fiesta tomamos mucho y consumimos drogas. Estuve bailando, disfrutando como los demás. Todo comenzó cuando vi mi cuerpo tirado en el piso. Algunos de mis compañeros alarmados trataban de despertarme, creyendo que me había quedado dormida, o que estaba borracha, pero yo no reaccionaba. Estaba observando todo pegada al techo: sabía que era mi cuerpo, pero a la vez era como si no me importara. Tenía sentimientos encontrados muy extraños. Me alarmé cuando los escuché decir que estaba muerta, que me había pasado de la raya consumiendo drogas.*

"¿Qué hacemos con ella", preguntó alguien. Unos decían que llamarían a la policía, otros que mejor llamaran a mis padres y otros se opusieron a todo, diciendo que no se podía hacer nada de eso porque allí había mucha droga y se meterían en problemas con la justicia, y si llamaban a mis padres se sabría que morí de una sobredosis. Yo estaba oyendo y viendo todo, pero aunque veía mi cuerpo inerte en el suelo, realmente no me importaba, me era indiferente totalmente.

La fiesta se había realizado en una cabaña en las montañas, al lado de un lago. Era la casa de veraneo de los padres de uno de nuestro compañero. La discusión seguía: no decidían qué hacer conmigo. Luego me vi en el fondo del lago: tenía dos piedras amarradas a mis pies. Allí me dio un pánico tremendo: me sentí sola y con un miedo terrible.

Le pregunté si tenía idea de hace cuánto tiempo había pasado todo esto, pero me dijo que no se acordaba cuándo había sido.

—¿Por qué no te has ido al plano espiritual que te corresponde?

—*No sé qué es eso ni dónde está.*

—¿Has visto el túnel de luz?

—*No.*

—¿Has visto a otras personas?

—*No, tú eres el primero que veo.*

—¿Cuál es realmente tu problema?

—*No puedo salir del agua, estoy amarrada allí abajo.*

—Eso no es cierto: estás hablando conmigo y yo no estoy en el fondo del lago

—*¡No puedo salir de allí!*

—¿Has pedido ayuda a tu maestro guía?

—*No sé quién es. Ya te dije que no he visto a nadie más que a ti.*

—¿Tú estás consciente de que estás muerta?

—*Sí.*

—¿Estás consciente de que tu cuerpo físico no te sirve ya?

—*Sí.*

—¿Entonces por qué sigues pegada a él y no sales del agua?

—*No puedo: estoy amarrada.*

—Todo esto es mental. Donde está tu mente, estás tú. Donde desees estar, allí estarás. Piensa a dónde quieres ir y estarás allí de inmediato.

—*Quiero ir a mi casa.*

—Entonces deséalo con fuerza.

—*No puedo, estoy bloqueada, mi mente está en blanco.*

—No dejes de pensar adonde quieres ir: imagina tu casa y a tus padres, ¿los ves?

—*Sí, los veo.*

—¿Estás con ellos?

—*Sí y no. No puedo entrar a la casa, estoy afuera.*

—Pídele a tu guía espiritual que te lleve al plano que te corresponde.

—*Me pena por todo lo que hice. Pienso que estoy castigada aquí abajo y nadie me va a ayudar.*

—Yo te estoy ayudando. Ahora, confía en mí y pídele a tu guía que venga a buscarte.

—*No puedo, tengo que cumplir con mi castigo. No merezco ser ayudada.*

—¿Por qué me pediste ayuda a mí?

—Porque estoy desesperada y ya no quiero permanecer más tiempo en el fondo del lago.

—Bien, si no haces lo que te digo no podrás salir de aquí, pues tu propia mente te bloquea la salida y tu liberación.

—*Está bien: dime qué debo de hacer y lo haré.*

—¿Segura?

—*Sí, segura.*

—Bien: imagina que en tu ayuda viene un ser de mucha luz y le rescata, que te lleva de la mano a la luz, donde podrás descansar. Hazlo... concéntrate.

En eso se apareció un luminoso. Se acercó, tomó de la mano a la mujer y se la llevó, envolviéndola con su luz, como si fuera un manto. Yo quedé pensativo, analizando la experiencia. Esa mujer estaba atrapada por su propia mentí, auto-castigándose por actos que ella consideraba malos y graves. Por eso no podía liberarse.

La mente es la peor cárcel, indudablemente. Lo que pensemos es realmente nuestra realidad. Me sentí satisfecho de haber podido ayudarla. Y como nada sucede por casualidad, ni aquí ni allá, tal vez me tocaba hacer esta labor.

MADRE PERDIDA

Fui a visitar a un amigo y a su esposa a la clínica, porque habían tenido un precioso varoncito. Mientras estaba en la visita charlamos y compartimos con otros visitantes y amigos que vinieron a conocer al recién nacido. Después bajé a la cafetería a tomar algo. En una esquina estaba parada una mujer, vestida con una bata de hospital. Inmediatamente me di cuenta de que era una persona fallecida. La mujer me estaba mirando, o más bien escrutando. Yo también me le quedé mirando fijamente, pensando qué estaba haciendo allí. De pronto se encontraba a mi lado y me preguntó:

—*¿Es usted doctor?*

—No. ¿Por qué me lo pregunta?

—*Necesito encontrar a mi bebé, se me perdió y nadie me quiere ayudar. Estoy desesperada. Por favor, ayúdeme. Les he pedido ayuda a varias personas pero todas me ignoran, como si no existiera.*

—¿Está usted consciente de que falleció?

—*No, señor, yo no estoy muerta.*

—Sí lo está. Ya no pertenece a este plano de existencia. Debe de irse al plano que le corresponda.

—*No, yo no me voy sin mi bebé. Creo que me lo robaron porque no lo veo en toda la clínica.*

—¿Tú distes a luz aquí, en esta clínica?

—*Sí.*

—¿Has muerto dando a luz?

—*No, no estoy muerta y busco a mi hijo. Por favor, ayúdeme a encontrarlo.*

—Dígame su nombre completo y voy averiguar con alguna enfermera.

Ella me dio su nombre y yo subí a buscar la información para saber qué había pasado con esa mujer y si su bebé había sobrevivido o falleció al igual que ella. En el puesto de enfermeras no me pudieron dar ninguna información, pero me mandaron a admisión. Allí me atendió una señorita muy amable y me ayudó a buscar la información. Efectivamente, la mujer había sido ingresada para dar a luz, pero hacía tres años. Entró muy grave, por un accidente de tránsito. Su bebé se salvó pero ella falleció. Esto lo pude averiguar gracias a los buenos oficios de la empleada, pues hubo que buscar la información en los archivos. El bebé estaba con su papá.

Salí de la oficina para informar a la fallecida, pero me había dado cuenta de que estaba a mi lado. Le dije que todo lo que había pasado hacía tres años y que su bebé estaba bien, pero ella había fallecido en la operación porque venía muy mal por el accidente. También le dije que estuviera tranquila pues nadie le había robado a su hijo. La mujer fue envuelta en un remolino de luz y desapareció en fracción de segundos. Me quedé parado allí, pensando en cuántos seres fallecidos necesitan ayuda para ascender al plano que les corresponde.

MUNDO PARALELO

Estuve durante varios días tratando de contactarme con el plano del más allá, pero no fue posible. Mientras estaba proyectado, intentándolo una vez más, me vi envuelto en un remolino de energía y en fracción de segundos me encontraba en una plaza, con mucha gente caminando. Grandes edificios rodeaban la plaza. Estaba confundido. No tenía ni idea de adonde había ido a parar. Traté de preguntarle a un señor que pasaba, pero parecía que no me veía. También intenté hablar con un muchacho pero tampoco me contesto. Supuse que tampoco me veía. Me senté en un banco a observar todo a mí alrededor: la gente pasaba pero no volteaba verme. ¿Dónde estaba? No tenía la más remota idea.

No sé cuánto tiempo pasó. Me encontraba tan pensativo que no me di cuenta cuando un hombre de mediana edad, vestido con ropa normal, se sentó a mi lado. Nos miramos y él me sonrió. Le devolví la sonrisa y le pregunté:

—¿Usted me puede ver?

—*Sí, lo veo perfectamente y también sé que viene del otro lado.*

—¿Cómo es esto del otro lado? ¿Es este un mundo paralelo? Explíqueme cómo es que estoy en un mundo paralelo.

—*Este es el mundo paralelo al mundo al cual usted pertenece.*

¿Cómo llegue aquí? Yo iba al astral de la Tierra, pero llegue aquí...

—*Sí. Usted entró por una de las puertas dimensionales, absorbido por un túnel de traslado. Son puertas que se abren y el que se encuentre allí es trasladado a este plano o mundo de existencia.*

—Usted me dijo que era un mundo paralelo, ¿cómo es esto?

—*Este mundo es igual al suyo, y todos sus habitantes tienen su doble aquí, viviendo una vida paralela.*

—¿Cada uno de los que vivimos en el planeta Tierra tenemos un doble viviendo en este planeta?

—*Sí, exactamente así es.*

—¿Cómo se llama este planeta?

—Yezira.

—¿Usted quién es?

—*Soy un ciudadano de este mundo. Me dedico al estudio profundo de lo oculto, de los misterios que rodean a la vida, el destino y la evolución: conocimientos profundos para las personas que no han trascendido ciertos grados de evolución. Yo, al igual que usted, he desarrollado facultades paranormales, por esto podemos conversar ahora.*

—¿O sea que solo los que tengan facultades especiales me pueden ver?

—*Sí, así es.*

—¿Pero por qué yo sí puedo verlos a todos?

—*Usted tiene una frecuencia vibratoria diferente, por eso puede ver a los que vibran por debajo de esas vibraciones, pero los que tienen una frecuencia vibratoria menor a la suya no lo pueden ver. Yo también tengo mis dobles como todos los que vivimos aquí.*

—¿Qué función tiene este mundo paralelo y por qué tenemos todos los seres de la Tierra un doble aquí?

—*Estos mundos paralelos son necesarios para evolucionar en diferentes planos de existencia simultáneamente. Realmente este es solo uno de los siete mundos paralelos, contando la Tierra.*

—O sea que la Tierra tiene otros seis mundos paralelos donde evolucionamos todos los seres humanos simultánea-mente... ¿Cómo es esto posible?

—*Cada ser evoluciona a la vez en siete planos de vida o mundos paralelos. En cada uno tiene un destino diferente y vive de manera totalmente distinta en los seis planos.*

—¿Cómo puede ser esto si cada uno tiene su alma propia?

—*No es así: es una misma alma dividida en siete y que evoluciona paralelamente en las otras partes simultáneamente, pero sin interferir una con la otra.*

—¿Pero para qué se necesita este tipo de evolución, si podemos hacerlo con una sola alma, la original? Nunca había tenido alguna información al respecto. Lo que usted me dice me sorprende enormemente.

—*Hay muchas cosas que no sabemos. Primero: usted no es "el original". El original es la unión de las siete partes del alma. Al evolucionar paralelamente el mismo ser dividido en siete, aprende experiencias en el mismo lapso de tiempo: siete vidas diferentes, siete experiencias diferentes. Y cuando ya haya aprendido en los siete mundos todas las enseñanzas, entonces se unen las siete partes del alma para volver a ser una sola, con gran conocimiento y evolución espiritual.*

—Después de que se logra esa evolución, ¿adónde va esa alma que antes estaba dividida en siete?

—*Va a un plano de luz, va ascendiendo en la escala evolutiva.*

—¿La evolución tiene un final o sigue para siempre?

—*No le puedo contestar esa pregunta, yo tampoco lo sé.*

—¿Existen otros mundos evolutivos?

—*Hay muchísimos, que yo sepa, pero exactamente cuántos, no lo sé. Esto lo saben solo los creadores.*

—¿Cómo es eso? Yo pensaba que había solo un creador.

—*Sí, hay uno solo, central, pero en el cosmos infinito existen muchos creadores de mundos, que están muy lejos de la magna energía creadora.*

—Esto viene a romper nuestros conceptos y conocimientos.

—*Eso es precisamente la evolución: cambiar conceptos que eran nuestra verdad en algún momento de nuestra evolución por otros conceptos con verdades nuevas. El conocimiento es escalonado, es directamente proporcional a nuestra evolución espiritual y, por ende, a nuestra capacidad de asimilar dicho conocimiento.*

—¿Cuántos seres viven aquí en este planeta?

—*La misma cantidad que hay en la Tierra y en los otros cinco planetas de aprendizaje.*

—¿Mueren siempre la misma cantidad de personas en cada planeta?

—*Sí, y también nace la misma cantidad, aunque los que fallecen no lo hacen de la misma manera en los siete mundos, pues necesitan diferentes experiencias y diferentes lecciones que aprender, pues tienen diferentes destinos. Para el neófito son conceptos muy complejos de asimilar, pero en el cosmos existen muchos misterios que nos pueden parecer fantásticos o imposibles de creer. Sin embargo, la realidad es otra, el conocimiento en estos planos es muy rudimentario e incipiente, las verdades trascendentales son tan fantásticas que nuestras mentes no pueden asimilar y menos aceptar en este momento de nuestra evolución.*

—Entonces, ¿aquí se vive igual que en la Tierra: se trabaja, se estudia, se forman familias, todo igual?

—*Sí, exactamente igual en el concepto, pero no en la esencia.*

—¿Qué quiere decir?

—*Todo es aparentemente igual, pero relativo a la evolución espiritual de cada cual. Aunque hablamos de vidas paralelas, son distintas en esencia: son diferentes las experiencias y las lecciones a aprender, por lo tanto, viven destinos diferentes, todo lo cual enriquece el alma con muchos conocimientos.*

—¿Cada planeta tiene su astral donde van las almas de los fallecidos'?

—*Sí, así es, al igual que en su mundo. Esto es un patrón espiritual.*

—¿Si me quisiera quedar en este mundo podría hacerlo?

—*No, es imposible. Su doble es quien vive aquí y evoluciona: no pueden haber dos seres iguales evolucionando en el mismo planeta.*

—¿Tampoco puedo ver a mi doble?

—*No es permitido. Pero usted entró en este mundo algo, nada sucede por casualidad. No sé por qué le permitieron ingresar aquí, pero estoy seguro que debe haber una buena razón. Además, no puede permanecer mucho tiempo. Y ahora me despido, tengo que cumplir con ciertas obligaciones.*

—Muchas gracias por toda esta interesante información.

¿Podremos contactarnos de nuevo?

—*Si usted puede volver a entrar a este plano, sí. Pero le digo que no es fácil, tuvo suerte de poder entrar.*

—Quisiera saber cómo vuelvo a mi mundo.

—*En el momento que lo desee la energía canalizará un túnel de luz y lo devolverá a su mundo.*

—Gracias por todo.

El señor desapareció o, más bien, yo entré en un túnel de luz y volví a mi cuerpo. Todo parecía un sueño, pero estaba muy seguro de que fue real. Tendría que analizar todos esos conocimientos nuevos, asimilarlos y comenzar a ver la vida y la evolución desde otras perspectivas.

¡Cuántas cosas existen en el cosmos que los simples mortales desconocemos! Me imagino que habrá seres tan evolucionados espiritualmente que no necesitan reencarnar y que prácticamente son inmortales... misterios sobre misterios.

CÓMO SE VIVE EN EL MÁS ALLÁ

Estuve tratando de lograr una comunicación con alguno de los seres del otro lado de la vida, pero pasaron los días y no pude lograrlo.

Me quedé meditando sobre tantos misterios que rodean al ser humano, tantos enigmas, tantas preguntas que quedan sin responder o de las cuales recibimos respuestas a medias, que no nos satisfacen realmente ni aclaran nuestras dudas...

Solo sabemos que realmente no sabemos nada. Existe un velo muy denso que no nos permite conocer la verdad.

Yo sigo investigando, armando el rompecabezas con las enseñanzas que me han dado y sigo adentrándome en los profundos conocimientos de los grandes misterios de la existencia humana.

Mientras estaba reflexionando, preguntándome tantas cosas. Sentí un jalón muy suave y me vi en un sitio lleno de colorido, de luz y de una música celestial, algo difícil de expresar en palabras, pues nunca antes había escuchado tal música, que llenaba de paz y de amor mi alma. Me sentí flotando como si fuera una nube, sin peso y llevada por una suave brisa que parecía seguir las notas musicales.

De pronto estaba sentado en un banco, en medio de una plaza llena de árboles, flores y muchos pájaros, pero sobre todo muchísimas mariposas de gran tamaño y de múltiples colores. Sentí una presencia a mi lado, pero no vi a nadie de inmediato. Al rato logré ver a una persona, bastante joven, vestido con ropa de colores y con una gran sonrisa me dijo:

—*Bienvenido. Lo estábamos esperando. Sabemos de usted y de su búsqueda. Tenemos permiso de transmitirle conocimientos sobre los planos espirituales que pueda visitar, pues estamos al final de una era y al comienzo de otra, donde se deben transmitir los conocimientos guardados sobre el hombre y su evolución en los diferentes planos de existencia. Usted es uno de los responsables de transmitir dichos conocimientos, por esto los Maestros Superiores han permitido su acceso para que divulgue estos conocimientos ocultos durante tanto tiempo, para que el ser humano despierte a otras realidades de su vida en el complejo sistema evolutivo en este universo.*

—Muchas gracias por su recibimiento y sus palabras. Primero quisiera saber quién es usted.

—*Yo soy un guía y mi nombre es Xilon.*

—Es un nombre muy extraño.

—Sí, es verdad, pero aquí tenemos nombres según nuestra vibración personal.

—Quisiera saber dónde estoy y qué es este sitio.

—*Bien, le voy a explicar lo que desea saber. Este es un lugar de recepción de seres fallecidos en el plano Tierra. Los seres fallecidos allá y que logran ingresar a este plano reciben una ayuda de acuerdo con sus necesidades y, por sobre lodo, según sus conocimientos y evolución espiritual.*

—¿Usted trabaja acá?

—*Sí. Yo cumplo con una labor, por mi propia voluntad, v evoluciono de esta manera, que es menos violenta que si debiera de regresar al plano terrestre para hacerlo. Hay que ser muy valiente para evolucionar allí. Es más rápido, pero yo prefiero ir lento pero más tranquilo.*

—¿Cómo es eso de "los fallecidos que logran llegar a este plano"?

—*La mayoría de los fallecidos tienen ataduras de diferente índole y hasta que no se liberan de esas ataduras no logran desprenderse del plano Tierra. A veces pasan hasta cientos o miles de años para ascender, pero como para evolucionar no existe el tiempo, a ellos les puede parecer un tiempo corto y relativo.*

—¿Qué sucede cuando llega un fallecido?

—*Es recibido por algún familiar o amigo que se encuentre en este plano. En caso de que no exista ninguno aquí, lo recibe un guía como yo. El fallecido debe realizar un recuento de su última existencia, analizando lo bueno y lo malo que hizo para luego decidir cómo resarcir sus errores. Lógicamente, los seres que no están en capacidad de auto-castigarse al hacer consciencia de sus actos, reciben nuestra ayuda y asesoría. Después, pasa a descansar y a recargarse de energía. Todo aquí es igual* que en la Tierra, solo que de una manera más clara y de vibración más sutil.

—¿Cómo es eso? No entiendo.

—*Los colores son más brillantes, las flores más perfumadas, los árboles más frondosos, el cielo más azul y las nubes parecen copos de nieve gigantescos; la temperatura es estable: ni frío ni calor. Todo es perfecto. Los animales viven en armonía, sin agresividad ni violencia. Aquí la energía lo controla todo. Unos seres necesitan recargarse más que otros, pero a menos que haya una vacante de guía y la persona decida y se comprometa a trabajar aquí en beneficio de los demás, debe volver al plano Tierra, reencarnando en un medio ambiente que le permita corregir sus errores y evolucionar espiritualmente.*

—¿Cuántos planos como este existen? ¿O este es el único para todos los seres que fallecen?

—No, existen varios planos receptores, pero no sé cuan-tos son, no tengo esa información. Cada uno tiene características diferentes y depende de varios factores el llegar cada uno de ellos.

—Qué complejo es todo. ¿Nunca se puede saber todo, tener la información completa de la estructura del más allá?

—No, es muy difícil conocerlo todo. Cada uno conoce el plano que le corresponde para seguir evolucionando. Si conociera todo complicaría su propio camino evolutivo. El conocimiento se va desvelando paulatinamente, de acuerdo con las necesidades y evolución de cada quien.

—Quisiera saber cómo es la evolución de los animales.

—Ellos tienen su evolución, como todo en el cosmos. Nada permanece estático indefinidamente: todo evoluciona, pero a diferentes ritmos. Los animales salvajes evolucionan más lentamente que los animales domésticos que están en contacto con el hombre, pues al estar en convivencia con seres humanos se acelera su ritmo evolutivo. Por eso, muchas veces los animales domésticos son tan inteligentes, pues su evolución es más rápida.

—¿Qué más me puede decir acerca de los planos evolutivos?

—Por ahora es suficiente. En otra ocasión recibirá más conocimientos. Ahora debo marcharme pues está llegando mi grupo de fallecidos que necesitan atención y usted debe de volver a su plano.

—Le estoy muy agradecido por su amabilidad y por toda esa información que me ha dado. Espero reencontrarnos de nuevo.

—No nos volveremos a encontrar, pues le tocará a otro de nosotros transmitirle conocimientos. Yo ya cumplí con mi parte. Adiós.

Me sentí flotando, lleno de felicidad, con una energía que me tocaba cada célula de mi cuerpo. Con esa maravillosa sensación, volví a mi cuerpo que me estaba esperando en el patio de mi casa.

¡Qué complejo es todo! ¿Quién sabe la realidad de todo? Parece que es difícil obtener esa información, pues cada ser cumple una misión determinada en un plano determinado y no tiene conocimiento sobre el desenvolvimiento en otros planos de existencia. ¿Con cuántos otros seres del otro lado de la vida tendré que comunicarme para obtener más conocimientos sobre todo lo que me inquieta y que deseo conocer?

Seguiré investigando, pues la realidad es mucho más compleja de lo que uno puede imaginarse.

EL CASO DE JOSEPH

Cuando me desperté estaba adolorido y no me podía mover, no sentía mi cuerpo. Quise gritar y pedir ayuda, pero la voz no me salía y mi desesperación crecía cada vez más. A mi lado no había nadie. Traté de buscar a ver si alguien más sabía o me había visto caer en ese pozo. ¿Qué me pasó realmente? ¿Cómo llegué allí? Recuerdo haber salido a pasear por el campo y entré como en un pequeño bosque. Estaba de vacaciones con mi familia y recuerdo también haber tenido una fuerte discusión con mi esposa: ella me reclamaba que no producía suficiente dinero y estábamos pasando trabajo. Ni siquiera podía pagar el colegio de mis dos hijos. Mi suegro estaba costeando muchos de nuestros gastos, incluso estas vacaciones. Salí corriendo de la casa, huyendo de los gritos de mi mujer y sus reclamos que, en el fondo, sabía que tenía razón. Me sentía muy mal, deprimido y por más que pensaba no le veía ninguna salida a nuestros problemas económicos. Yo era un simple oficinista sin futuro y con un muy triste presente.

¿Dónde estaba? Todo era oscuro a mí alrededor. De pronto me vi flotando, mirando hacia el fondo de un gran pozo y me vi tirado encima de una piedra. ¿Estaba adentro o me encontraba fuera? Me sentí muy extraño y muy confundido. ¿Qué era todo esto? Estaba alucinando... ¿Qué me estaba pasando? Mientras estos pensamientos se arremolinaban en mi confusa mente, vi parado a mi lado a un muchacho como de unos veinte años. Me miraba y se sonreía. Me preguntó:

—¿Qué le pasa, señor?

—Necesito ayuda, me caí en ese pozo.

—Usted está muerto.

—¿Cómo que estoy muerto? ¡Estás loco!

—Su cuerpo está tirado en el fondo y usted está aquí afuera conmigo.

—No estoy muerto pues lo veo y estamos hablando.

—No estamos hablando a través de nuestras cuerdas vocales, porque ya no tenemos cuerpo físico. Nos comunicamos mentalmente.

—¿Cómo te llamas, muchacho?

—Me llamo Rubén y yo también estoy muerto. Entiendo su confusión: a mi me pasó lo mismo, hasta que me di cuenta de mi nuevo estado de existencia y acepté que dejé mi cuerpo físico y seguía viviendo, pero en un cuerpo diferente, aunque muy parecido al que tenía cuando estaba vivo.

—No te creo nada de lo que dices. Estás loco y no me quieres ayudar, por lo tanto estás inventando todo este cuento de la muerte. ¡Necesito que me auxilien y rápido!

—Nadie va a venir a ayudarlo. Este es un paraje muy solitario y hay solo cinco casas en esta montaña, separadas por muchos kilómetros entre una y otra. Mírese bien: está muerto, murió al caer en ese pozo.

—¡Eso es mentira! Me siento muy vivo y consciente de todo.

—Claro que está vivo, pues la muerte es solo un paso cutre un plano de existencia y otro. Vamos, venga conmigo. Lo llevaré donde están otras personas también fallecidas.

—No voy contigo a ninguna parte. Tengo que volver a la casa con mi esposa e hijos.

—¿Para qué, si ya ellos no lo pueden ver? No se puede comunicar con ellos.

—No te creo... me voy...

—Sí, y va a dejar su cuerpo allí tirado... ¿o es que tienes dos cuerpos?

—Es verdad. ¿Cómo estoy aquí fuera del pozo y veo mi cuerpo tirado en el fondo?

—Piense un poco y verá que tengo razón en lo que le digo.

—De todas maneras me voy a casa. No entiendo nada de lo que me está pasando.

—Lo acompaño. Quiero ver cuando trate de comunicarse con su familia...

—Ya veremos si es como tú dices.

En fracciones de segundos, Joseph llegó a la casa y vio a su esposa servirles la comida a sus hijos. Se acercó y la abrazó. Quería consolarla, pedirle perdón por no ser más productivo y prometerle buscar otro trabajo para mejorar sus entradas económicas, pero se dio cuenta de que estaba abrazando solo el aire. Su mujer no lo veía y tampoco podía abrazarla. Era verdad lo que le había dicho Rubén: ya no tenía cuerpo físico. Le entró una gran desesperación y un gran pánico. Se le acercó a su hijo mayor y trató de hablarle y abrazarlo pero, igual que su esposa, lo ignoró, no lo veía.

Rubén estaba a su lado y le dijo:

—*Ya no hay nada qué hacer. Se tienes que ir. Aquí ya no se puede quedar. Si lo hace, va a sufrir al ver a su familia ignorarlo, pues no saben que está aquí, en espíritu.*

—*Tengo que avisarle a mi esposa lo que me pasó*

—*No puede hacerlo... ya se enterarán. Venga conmigo, no debe quedarse aquí. Ya yo pasé por eso y sufrí mucho, hasta que acepté mi nuevo estado.*

—*¿Adónde vamos a ir?*

—*Hay un centro donde se reúnen los fallecidos y de allí los guías le indican a qué plano les corresponde ir y lo ayudan a llegar.*

—Si esto es así, ¿qué haces tú aquí, sin haber ido a tu plano?

—Yo estoy cumpliendo una misión: ayudar a los recién fallecidos como usted... ayudarlos a hacer consciencia de su nuevo estado espiritual.

—Llévame al sitio que dijiste, quiero ver a otros fallecidos y comprobar que me dices la verdad.

Llegaron a un lugar grande y luminoso, donde habían muchos seres: niños, mujeres, hombres, de diferentes edades. Unos se veían alegres, otros tristes y otros parecían dormidos. Se acercó a ellos un hombre y le dio la bienvenida a Joseph. Le dijo:

—Allí esta su mamá esperando para saludarlo. Yo soy su guía y después de que se reúna con su mamá, va descansar y a recargarse de energía para enfrentar el siguiente paso.

Joseph se sintió mareado y cayó como en un sopor muy profundo. Perdió la consciencia, entrando como en un remolino de luz y de energía. Una música extraña lo hizo volver en sí. Su mamá le estaba sonriendo y le dijo:

—*Hijo, te estaba esperando. Sabía que pronto nos íbamos a reunir de nuevo.*

Joseph, sorprendido, no sabía qué decir. Su mamá lo abrazó mientras le decía:

—*Hijo, estás en una nueva vida, en una vida espiritual, pero ya te darás cuenta tú mismo de esta nueva vida y comprenderás muchas cosas que antes no aceptabas y no entendías. Tengo que dejarte: no puedo quedarme más. Solo vine a recibirte.*

Joseph no salía de su asombro. Su mamá fallecida estaba con él en no sabía dónde, y él estaba muerto también ¡Que confusión tan grande! Su mamá le dio un beso y se desapareció. Él alcanzó a decir: "Mamá, no me dejes solo, no te vayas...", pero ya su mamá se había ido.

La tristeza lo embargó y el caos mental lo atormentaba. Los distintos pensamientos se entrecruzaban sin lógica alguna y sin poder poner orden y analizar todo esto que le había pasado. En eso apareció su guía y le dijo que era hora de analizar su vida y descansar en un sitio especial al que lo iba a llevar. Joseph se sintió flotando junto a su guía y se vio en un jardín muy especial: las flores eran más grandes y los colores más vividos. Había otras personas a su alrededor, pero cada una de ellas estaba dentro de una cúpula de luz. El guía le dijo que la paz lo iba a envolver también y, al terminar de auto-analizarse y auto juzgar todos los acontecimientos y actuaciones de su vida, la cúpula de luz se iba a desaparecer y él lo vendría a buscar de nuevo para llevarlo al plano espiritual que le correspondía.

Joseph sintió una fuerte vibración y una potente luz brillante lo envolvió y aisló totalmente. El jardín desapareció y se quedó envuelto en la luz. Comenzó a ver una película, pero era su vida: desde que estaba en el vientre de su mamá hasta que falleció en el bosque... Toda su vida en detalles, desde los más pequeños hasta los grandes acontecimientos. Vio pasar en su pantalla mental muchos acontecimientos que ni siquiera recordaba. Vio y sintió con dolor los errores que cometió, el daño causado a otros, situaciones que pudo evitar y sin embargo no las evitó. Pensaba que no había sido un hombre tan malo, pero su conciencia le respondía que tampoco había sido muy bueno. Pudo actuar diferente y causar menos daño a su alrededor, pero ya era tarde para arrepentirse, era tiempo de enmendar los errores y preparar más adelante su próxima reencarnación, su vuelta a la Tierra, a la escuela donde reparará y enmendará los errores cometidos con todas las personas a las cuales causó dolor de alguna manera, ya sea consciente o inconscientemente, por omisión o por falta de conocimiento.

Joseph había perdido la noción del tiempo. No sabía cuánto tiempo había pasado dentro de la cúpula analizando su vida. Lo que sí sabía era que al volver a la

Tierra, como le dijo su guía, iba a ser mucho mejor y no iba a cometer los mismos errores que cometió con su familia y amigos, y menos con extraños que se le atravesaron en su camino, en diferentes situaciones. Sintió que una gran alegría lo invadía: una paz espiritual que no había conocido antes. Se sintió feliz, totalmente feliz como no pensó sentirse jamás. Su guía lo vino a buscar y le dijo:

—*Ahora lo llevaré a su plano espiritual. Allí descansará el tiempo que sea necesario, pues aquí el tiempo no existe. Después de que se cargue su alma de luz y de energía, estará listo para su próximo paso evolutivo: volver a tomar cuerpo y regresar a la Tierra a aprender nuevas lecciones, pero sobre todo, corregir sus errores y dar de usted lo mejor, para que su próxima reencarnación sea positiva, con más dharma que karma y logre ser feliz.*

CONTACTO CON SIRIS

Amaneció un día esplendoroso: un sol espectacular en un cielo azul, sin nubes. Era un día como para sentirse feliz, lleno de energía positiva y con grandes expectativas. Estaba por salir de casa, pero algo me retenía y no terminaba de salir a la calle. Me provocó sentarme y meditar un rato. Me sentía muy bien, con una carga de energía positiva y con mucha alegría en mi corazón. Hice consciencia de ello y me pregunté a qué se debía lo que sentía.

Caí como en una especie de sopor. Me vi envuelto en mi campo de energía que cambiaba de colores, y yo sentía cómo cambiaba mi propia vibración con cada color. Me sentía maravillosamente bien y en perfecta armonía.

Mientras me preguntaba dónde estaba y por qué estaba allí, vi a mi lado a una mujer bellísima, envuelta en un traje azul vaporoso. Su largo pelo negro flotaba enmarcando su rostro, sus grandes ojos azules y una gran sonrisa. Me quedé extasiado ante tanta belleza. Ella se dirigió a mí diciendo:

—*Tienes muchas preguntas en tu mente que necesitan respuestas y yo me he contactado contigo para aclarar y responder a tus inquietudes. Es el momento de aclarar dudas y abrir las mentes ante las verdades trascendentales.*

Al recuperarme un poco de la emoción que sentía, le pregunté:

—¿Quién eres?

—*Soy Siris, regente del séptimo plano.*

—¿Cuántos planos existen?

—*En el astral de la Tierra existen treinta y dos planos de energía.*

—¿Cuál es tu función en el séptimo plano?

—*Soy la encargada de que todos los que llegan a este plano, sean recibidos e instruidos correctamente.*

—¿En qué consisten esas instrucciones?

—*A este plano llegan seres de mediana evolución espiritual, y deben tener una preparación diferente a la de los otros planos para tomar cuerpo físico de nuevo.*

—¿Esos seres se pueden considerar Maestros?

—*Sí, efectivamente, pero aún les falta superar otras pruebas.*

—¿Cuáles pruebas?

—*Por ejemplo, dominar la energía sexual, pues muchos Maestros han llegado a poseer grandes conocimientos espirituales pero han sucumbido ante las tentaciones carnales.*

—¿A qué se debe esa falla?

—*Muy simple: esos Maestros manejan mucha energía, pero debe ser canalizada y no han aprendido a hacerlo todavía. Por eso flaquean ante las tentaciones carnales, pues mientras más energía se maneja y no se canaliza, esta se proyecta hacia el sexo.*

—¿La mayoría de los grandes Maestros en la Tierra han sucumbido ante las tentaciones sexuales?

—*Efectivamente, esa es la falla de la gran mayoría. No es fácil superar ni canalizar esa fuerza, esa energía desbordante.*

—¿Usted se puede considerar Maestra?

—*No soy Maestra: soy regente y guía evolutiva.*

—¿Usted ha reencarnado en la Tierra?

—*No, yo vengo de otro planeta evolutivo en misión a este plano espiritual.*

—¿Se puede saber cuál es ese planeta?

—Mi planeta de origen se llama Erin y sus astrónomos no lo han descubierto todavía.

—¿Qué significa la muerte para usted?

—La muerte es un paso necesario para recargar de energía el alma y reflexionar sobre la vida que se ha llevado, enmendar los errores cometidos y superarse con cada reencarnación.

—¿Quién juzga a los fallecidos al llegar al plano que les corresponde?

—Cada quien se juzga a sí mismo, según su evolución espiritual. Las almas jóvenes son asesoradas por los guías del karma, pero las decisiones finales son de cada cual: la conciencia de cada uno es su propio juez.

—¿Existe el destino en cada ser?

—Sí. Cada ser nace con un destino que es consecuencia de sus actos y vivencias, pero el mismo ser lo puede

cambiar y transformar con su compresión de las leyes y su comportamiento en la vida, en cada reencarnación.

—¿Puede una persona morir antes de su tiempo?

—*Sí. Una persona puede fallecer antes de su verdadera hora predestinada, por errores cometidos, o por interferencia de otras personas a través de la magia negativa o por el suicidio.*

—¿Qué sucede si una persona muere antes de su tiempo?

—*Vuelve a reencarnar solamente por el tiempo que le faltaba vivir, para completar esa reencarnación.*

—¿Se castiga a las personas que se suicidan?

—*La persona misma se impone el castigo pues no ha enfrentado las pruebas que él mismo eligió durante su preparación para la siguiente reencarnación.*

—¿En otros planetas también existe la reencarnación?

—*Sí. En todos los planetas los seres evolutivos se reencarnan: es una ley cósmica.*

—¿Cómo es la reencarnación en planetas muy evolucionados?

—*En planetas que les llevan millones de años de evolución, los seres manejan su propia energía y revitalizan sus cuerpos sin tener que morir cada vez, pero llega un momento en el que ya no se pueden regenerar y dejan su cuerpo físico, descansan y vuelven en otro cuerpo para seguir evolucionando.*

—¿El alma tiene sexo?

—*No, cada alma tiene en, sí misma, los dos sexos. Al reencarnar y de acuerdo con las experiencias que necesita aprender, nace como hombre o como mujer.*

—¿Qué sucede con los homosexuales? ¿Es un tercer sexo indefinido?

—*No. Los homosexuales vienen arrastrando las energías de su última reencarnación, en un cuerpo de otro sexo.*

—¿Cómo es eso? No lo entiendo.

—*Por ejemplo, un hombre que en su reencarnación anterior fue mujer, aunque nació como hombre siente como mujer, pues por algún motivo no se liberó de esa energía femenina totalmente.*

—¿Qué pasa con los bisexuales?

—*En ese caso, ese ser no se liberó de su última reencarnación y se activan en él las energías andróginas, como si tuviera físicamente los dos sexos, pero en constante choque y atracción tanto hacia el hombre como hacia la mujer.*

—¿Por qué todavía nacen seres andróginos?

—*Ese es un problema genético. Los padres deben estar pendientes y operar a la persona al desarrollarse, observando su tendencia sexual, anulando el otro sexo.*

—Las personas que se han amado intensamente en una vida, ¿se pueden reencontrar en otra existencia?

—*Sí, es posible, pero es como un dharma, un premio especial por merecimiento, pero eso no es usual, pues normalmente las parejas se reencuentran para saldar karmas pendientes.*

—¿Cuántas reencarnaciones necesita un ser para evolucionar?

—*Eso depende. Hay estudiantes muy buenos que aprenden rápido y se gradúan, otros repiten muchas veces. El tiempo, en lo espiritual, no existe, cada uno evoluciona a su propio ritmo.*

—¿Por qué las personas se enferman tanto y cada vez va en aumento el número de personas enfermas?

—*Existen varios motivos. Para las diferentes enfermedades hay una influencia del signo astrológico en que se nace. Otras causas son genéticas, hereditarias. Otras enfermedades son psíquicas, otras provocadas por distorsión de energía o estrés y otras enfermedades provocadas por la interferencia de otros seres a través de la magia negativa, causando un cortocircuito en la energía de la persona y provocando cualquier tipo de enfermedades.*

—¿Es verdad que a través del sufrimiento y el dolor se evoluciona más rápido?

—*Esa no es una regla para todos los seres humanos. Hay seres que aprenden sin necesidad de pruebas dolorosas, otros las necesitan para sensibilizarse espiritualmente.*

—¿Es verdad que cada ser humano tiene un guía o un ángel que lo protege?

—Sí. De hecho, cada ser tiene varios guías que pueden ser un familiar fallecido anteriormente, Maestros de luz, protectores Superiores o un Ángel protector especial. Todo depende de cada ser y de su misión de vida en la Tierra. Si viene con una gran misión, lógicamente tendrá más protectores que lo guiarán y protegerán de los peligros. Si la persona tiene una misión de vida normal, también tiene protectores, pero menores. Nadie viene solo.

—¿Hasta dónde pueden intervenir los diferentes guías en la vida y destino del ser humano?

—Cada ser tiene su libre albedrío para vivir en armonía o cometer errores, eso se respeta espiritualmente, pero en una emergencia o por merecimientos, los guías pueden intervenir en una situación específica y ayudar al ser, guiándolo o salvándolo de algún peligro, pero siempre respetando su libre albedrío.

—¿Existe realmente el cielo y el infierno, como dicen algunas religiones?

—*Tanto el cielo como el infierno están dentro de cada ser humano y sus creencias. Lo que cada uno cree y tiene como verdad es lo que se manifiesta. Se puede vivir en la tierra tanto en el cielo como en el infierno, y cuando la persona fallece también puede llevarse su cielo o su infierno consigo y eso será su verdad. Por lo tanto, vivirá así hasta que haga consciencia y se dé cuenta de que lo que cada ser cree es su verdad y la puede cambiar a voluntad cambiando sus creencias.*

—¿Es realmente el planeta Tierra un planeta de expiación?

—*Cada planeta es una escuela, donde se viene a aprender y superarse a través del conocimiento tanto material como espiritual. Para quien desconoce las leyes universales, la Tierra puede ser un mundo de expiación de sus propios errores.*

—¿Son los ángeles seres humanos evolucionados que lograron la iluminación, o son seres espirituales de otra índole?

—*Los ángeles son seres evolucionados, misioneros que tienen una evolución distinta al ser humano y que pertenecen a otro orden espiritual.*

—¿Cada persona que viene al mundo trae una misión que cumplir?

—*Sí, cada ser trae una misión: evolucionar espiritualmente. Pero paralelamente se traen misiones directamente proporcionales a cada evolución espiritual individual. Existen misiones personales, familiares, nacionales o internacionales. Esas son misiones específicas y si se cumplen se logra un paso gigante en la evolución. No todos los misioneros logran cumplir su cometido... no es fácil.*

—¿Cada ser humano tiene un libre albedrío?

—Sí. Cada ser tiene un libre albedrío, pero también es directamente proporcional a su evolución espiritual y al acatamiento de las leyes universales.

—¿Se puede cambiar un mal karma lleno de cosas malas en la vida de una persona?

—*Sí se puede. El ser humano es dueño de su destino y lo puede cambiar haciendo consciencia de sus errores y actuando correctamente. El ser humano puede cambiar las cosas negativas de su vida y lograr ser feliz.*

—¿Es cierto que la mayoría de las personas relacionadas en esta vida ya se conocían de otra existencia anterior?

—*Normalmente las personas evolucionan en grupos, ya sean familiares, amigos o conocidos, tienen karmas que superar y por ello se reencuentran, tanto para saldar karmas o disfrutar de dharmas.*

—Estoy muy agradecido por toda esta información, y por qué usted haya tenido la paciencia de contestar a todas mis preguntas. Espero tener otra oportunidad con usted porque tengo muchísimas preguntas más que quisiera desentrañar.

Tercera parte

MAS ALLA DE LA VIDA HAY MAS VIDA

Vida después de la vida

Los seres humanos le temen a la muerte, es un miedo visceral, un temor muy grande a dejar este mundo y abandonar su cuerpo físico, abandonar este plano material, aunque su vida no sea agradable ni feliz.

¿Por qué será que las personas que han tenido experiencias cercanas a la muerte no desean volver a este plano? Algo vislumbraron que les gustó, algo mejor que la vida que llevaban... Misterios de la vida y de la muerte.

Al estar las personas en el más allá, del otro lado de la vida, cuando mueren y abandonan su cuerpo físico, están en una especie de limbo, donde ni están en el plano material ni en el plano espiritual, pues están todavía apegados a sus vidas en este plano. Esa transición puede tardar años, pero al pasar totalmente al plano espiritual y vivir allí, ninguno quiere volver a este mundo de sufrimientos.

Las leyes de causa y efecto y las de karma y dharma los obligan a volver a este plano de existencia para evolucionar. Su memoria de vida en el plano espiritual se borra: no se recuerda de nada y se activa de nuevo el temor a la muerte, para que así puedan permanecer en la Tierra y evolucionar.

Los Maestros y guías espirituales vienen conscientemente para ayudar a la humanidad. Son misioneros cósmicos.

Para no pasar nueve meses en el vientre de una mujer, cuando son grandes misioneros, ofrecen absolver el karma de un individuo, con el consentimiento de su Maestro guía, y el alma de este individuo se va al astral tomando toma posesión de dicho cuerpo el alma del Maestro, para poder cumplir con su misión, sin perder tiempo, y el karma con el cual vino este individuo queda saldado.

Los espíritus de los fallecidos, los que están apegados al mundo material y a sus vicios, se manifiestan muchas veces en las sesiones de espiritismo, a través de los médiums, para volver a sentir que están dentro de un cuerpo físico y poder interactuar con el plano material. Esos espíritus utilizan su energía para poder manifestarse a través del cuerpo del médium.

Existen muchos seres que no se desprenden fácilmente del mundo físico por sus ataduras. De igual forma, como ya lo he mencionado, esas almas se manifiestan, por ejemplo, en un bar, para al estar junto a un tomador de alcohol, o en los casinos, pegándose a los jugadores, o en casas de cita, para disfrutar de las relaciones sexuales al pegarse energéticamente a las personas que las tienen.

Todo esto sucede hasta que se liberan de estos vicios y ataduras. Esas almas se pegan de los viciosos y disfrutan a través de ellos sus propios vicios. No es fácil cambiar y desprenderse de lo que nos gusta y atrae, por eso esos seres viven en un limbo, penando por sus vicios, ataduras y deseos. El temor a la muerte es una atadura muy fuerte para evitar que, ante cualquier problema, la gente se suicide y se vaya al plano espiritual, donde no necesita nada: ni comer, ni dormir, ni dinero, ni trabajo, nada material. Allí se vive de la energía, que es el alimento del alma. Por eso sucede que algunos individuos, ante problemas graves, intentan suicidarse, pero no es posible eludir el karma. Por más que lo intente no puede desprenderse de su cuerpo físico. En otras ocasiones, utilizando el libre albedrío, sí logra terminar con su vida física y evadir su karma, dejando de aprender las lecciones pautadas antes de reencarnar. Pero el autocastigo en su próxima reencarnación es fuerte y con ataduras espirituales de las cuales no puede huir.

CÓMO AYUDAR A LOS FALLECIDOS

Hay ciertas reglas para poder ayudar a los fallecidos en su difícil trance. Primero, si es posible, es necesario preparar a la personas. Por ejemplo, al que está muy enfermo o desahuciado, se le pueden dar los conocimientos y explicarle como es el plano espiritual y qué le espera del otro lado de la vida.

El llanto de los familiares hace sufrir a los fallecidos, los ata este plano, por la desesperación de no poder manifestarse ni hablarles para decirles que está bien o que está mal y desesperado, porque no entiende qué le ha pasado.

En líneas generales, los fallecidos necesitan luz, necesitan re/os que los alimenten espiritualmente y les den tranquilidad. Hay que prenderles una luz, un velón que los ilumine, ayudándoles a hacer consciencia de su estado espiritual y, a naves de los rezos, ayudarlo a que se eleve al plano espiritual que le corresponde y se desprenda del plano material. No es fácil lograrlo. Unas almas que tienen más evolución y luz espiritual se desprenden más rápidamente. Las almas que no tienen conocimiento alguno sobre el mundo espiritual tardan más y pueden vagar muchos años, sobre todo los que creen que con la muerte se acaba todo y el ser desaparece para siempre. Esos seres sufren mucho, pues no miden su estado. Tarde o temprano se dan cuenta de que no han fallecido, que han desaparecido para el plano material, pero no endeuden por qué siguen vivos de alguna manera, sintiendo y pensando. Eso los desespera y crea un círculo vicioso del cual no pueden salir solos. Es entonces cuando necesitan de nuestra ayuda. Y justamente a través de la luz y de los rezos es cómo podemos guiarlos. Esto se logra muchas veces a través de sesiones de espiritismo, en las cuales se manifiestan muchas almas confundidas que están penando en un limbo, donde ni están en el plano material ni en el plano espiritual.

Otro de los errores cometidos es creer que los fallecidos permanecen junto a sus tumbas en los cementerios. Ya las almas de esos seres fallecidos se encuentran vagando por otros lados, como su casa o la de sus amigos, aunque no lo vean. También suelen visitar los sitios que frecuentaba cuando tenían cuerpo físico, o simplemente se desplazan de un lugar a otro con solo pensar dónde quieren estar.

¿EXISTE LA JUSTICIA DIVINA?

Realmente pareciera que el caos rige al mundo y a la vida sobre la Tierra. Suceden tantas injusticias a diario, el mal prevalece sobre el bien y la justicia parece ineficiente e indolente ante las vicisitudes de los seres humanos que están sufriendo a diario una eterna agonía material y espiritual en la cual no se ve lógica alguna.

Los seres humanos estamos viviendo en un maremágnum de situaciones violentas, falta de amor, falta de explicaciones de por qué suceden todas esas cosas... Nos preguntamos, ¿existe la justicia divina ante tanta barbarie?

¿Cómo podemos explicar la vida actual en el planeta Tierra? ¿Habrá algún orden dentro del desorden? ¿Existe un plan divino para cada ser humano y para la evolución espiritual de los seres humanos? ¿Existe un plan superior que desconocemos? Sí, existen unas explicaciones lógicas a todo este caos.

La reencarnación ha dejado de ser un asunto secundario para convertirse en un problema de primera categoría. No se trata de un problema meramente religioso: la realidad ha alcanzado el análisis de la ciencia ha llegado a reconocer otras realidades, otros planos y otras dimensiones. La reencarnación no admite dudas, pues a través de ella se explican todas esas injusticias y el caos en general. Es la explicación lógica de todo lo que sucede, porque sucede cuando debe suceder: de principio, de causa y efecto del karma y el dharma.

Existe un plan cósmico para los seres humanos, para la evolución de las almas inmortales en su esencia, revestidas de un cuerpo físico perecedero que sirve al alma de vehículo para manifestarse e interactuar en el plano material y evolucionar espiritualmente según un plan que desconocemos, pero del cual no podemos escapar. Cuando descubrimos el significado de los eventos en nuestras vidas, podremos completar nuestro crecimiento personal y espiritual.

"Siento que he estado aquí", exclamamos con asombro cuando ciertos lugares nos parecen familiares, a pesar de no haberlos conocido previamente. Decimos que no hay justicia cuando vemos a seres humanos nacer sin brazos, sin piernas, enfermos, ciegos, con graves defectos físicos. También lo decimos cuando bebés se mueren, sin haber tenido la oportunidad de vivir. Decimos que estas cosas no son justas, que no debería suceder. Preguntamos dónde está la justicia divina ante tantas injusticias que se cometen a diario en el mundo y aparentemente quedan sin castigo.

Cuando la justicia humana es rebasada por los intereses de los poderes terrenales, la justicia Divina será implacable, no solo con los causantes del sufrimiento, sino contra todos aquellos que de alguna manera facilitaron, estimularon, en-cubrieron o absolvieron a los culpables.

La doctrina de la reencarnación y la ley de causa y efecto surgen como explicaciones necesarias a las dudas anteriores, a todas esas interrogantes, además de que se convierten en poderosas herramientas para el desarrollo espiritual. Con la ley de la reencarnación se pueden explicar todas las cosas que pueden parecer injustas. La vida no es un caos sin fundamento, sino un plan evolutivo bien estructurado y programado.

CADA UNO ES SU PROPIO JUEZ

Cada ser humano, al llegar al plano que le corresponde y analizar la vida que acaba de terminar, comienza lo que podría llamarse un examen de consciencia, una evaluación de todas las experiencias vividas durante su existencia anterior. Se procede a la evaluación de su desempeño en la vida que acaba de terminar, donde se revisan todas sus actitudes y comportamientos, todas sus acciones, tanto positivas como negativas. Este análisis se profundiza en aquellos actos que se convirtieron en sufrimientos hacia otras personas.

Todas esas situaciones son revividas con gran detalle en una pantalla de su mente. Incluso situaciones olvidadas se manifiestan con claridad, para revivir situaciones y sentir sus consecuencias. En ese estado el alma puede interpretar correctamente tanto los errores cometidos como las acciones llevadas a cabo para transmutarlos, analizar concienzudamente la balanza del bien y del mal, con todos sus puntos a favor o en contra, para cuantificar los daños causados y la compensación karmática necesaria para resarcirlos. También se hace una evaluación de su carácter, personalidad, talentos, vicios, inteligencia y potencialidades a desarrollar.

Después de auto juzgarse de una manera dura e inflexible, intervienen los asesores karmáticos para ayudar al alma a preparar su nueva reencarnación y evaluar el pago karmático pendiente. Para que el alma pueda cumplir con su tarea los Maestros la asesoran, pues la mayoría de las veces se comprometen a pagar un karma mucho más fuerte que el de sus posibilidades reales. El plan contempla las relaciones de familia, de amistades y de entorno social en el que habrá de desenvolverse.

En otras palabras, el alma llevará a su próxima vida mundana todo un arsenal de conocimientos para cumplir sus objetivos, los que se ha trazado en el más allá, siempre para mejorar, saldar cuentas y evolucionar espiritualmente.

Lo que sucede, una vez reencarnado en el plano material es que se olvida de muchos de sus planes y proyectos, pues se encuentra con las adversidades y penurias que tiene uní- afrontar y sufrir para lograr su objetivo. Muchas veces, para no decir casi siempre, en vez de saldar karmas el ser se crea nuevas deudas, las cuales tendrá que pagar en algún momento.

Al reencarnar, el alma pierde la memoria como un velo protector para no acordarse ni de sus vidas pasadas ni del karma pendiente. Todo está grabado en el alma, que al entrar en el nuevo cuerpo, se olvida totalmente. Solo si el individuo tiene conocimiento espiritual puede vislumbrar su camino y el karma pendiente por cumplir.

El tiempo de preparación de esa alma para poder asimilar el proceso por venir no es fácil de establecer, de la misma manera que es difícil establecer el tiempo de vida de un ser humano, que dependerá de muchas circunstancias.

Muchas personas piensan que Dios o alguien nos juzga al llegar al plano espiritual y nos obliga a pagar nuestras deudas y daños a los demás, pero la realidad es muy distinta: nosotros mismos tenemos el mecanismo de auto-juzgarnos e imponernos los castigos y las maneras de pagar nuestras deudas. Nosotros somos nuestros propios jueces, y somos implacables con nosotros mismos. A veces, como he dicho, nos imponemos castigos demasiado fuertes, y si no fuera por los asesores del karma, fracasaríamos en cada reencarnación. Sin embargo, cada ser humano va evolucionando, unos más rápido que otros, pero para el cosmos el tiempo no existe y no importa cuánto tarda cada ser en lograr evolucionar y desprenderse de la obligación de reencarnar al no tener más karmas que pagar.

La lucha en el plano material no es nada fácil. Debemos enfrentarnos con nuestros karmas, con los karmas de los de-más que nos afectan también, con el medio ambiente adverso, con toda esa adversidad que nos rodea... Pero, analizando esto fríamente, todo es necesario para lograr evolucionar, todo es necesario. En el escenario de la vida nada sucede por casualidad, todo sucede por causalidad, todo tiene su causa y efecto, aunque en el momento no nos percatemos de ello.

El plan evolutivo para la humanidad sigue su curso, aun-que el ser humano no esté consciente de él, este sigue su inexorable curso. El ser humano, a medida que va evolucionando, va ampliando su consciencia para entender, aunque sea un poco más, el plan divino y la evolución espiritual en esta escuela llamada Tierra.

REZAR ES GENERAR ENERGÍA

Las oraciones influyen en nuestras vidas, en nuestro desenvolvimiento cotidiano, provocando toda una serie de fenómenos que van desde salvar una vida, hasta lograr materializar nuestros más preciados deseos. A través de las oraciones generamos energía, y con esa energía, más la intención que deseamos lograr, se manifiesta la realidad de algo deseado.

Rezar es un acto de fe para muchos, para otros es también la expresión intensa de un deseo. El poder de la oración va mucho más allá, y es capaz de realizar los mal llamados milagros, pues los milagros tienen su explicación. Cuando se reza con intensidad, con fe y con clara idea de lo que se desea, esa energía actúa para que nuestro rezo sea escuchado, para que vibre en el cosmos, se realice nuestro pedido y se logren materializar nuestros más profundos deseos.

Los rezos son el alimento espiritual para los difuntos. A través de la energía que generan las oraciones se alimentan las almas sedientas de esa energía y de luz, para poder ascender al plano que le corresponde.

Es necesario tomarse unos minutos al día para rezar, ya sea por la paz mundial, por obtener una ansiada solución a nuestros problemas, por conocer a nuestra alma gemela, o encontrar un buen trabajo bien remunerado y que nos guste.

La gran pregunta es ¿adónde van esas plegarias? ¿Quién las escucha? ¿Quién nos contesta esas oraciones y pedidos? Existen varias respuestas. La energía generada por las plegarias activan ciertos mecanismos dentro de uno mismo, dentro del mismo ser que reza se activan energías internas y suceden los milagros: curarse o sanar a los demás con la propia energía generada y activada, por ejemplo. En otros casos, a través de las oraciones logramos activar la energía con otras personas, para sanarlas o para que logren triunfar en lo que desean. Pero aparte de esto, siempre que rezamos nos escuchan entidades que están a nuestro alrededor: espíritus elevados o Maestros Superiores de Luz, que nos ayudan y precipitan materialmente nuestros deseos para que se manifiesten en nuestras vidas.

¿Cómo funcionan las oraciones en general? ¿Existe alguna forma adecuada de orar? El mundo de la oración es muy complejo y muy sencillo a la vez. La oración es un dialogo, una comunicación, un llamado de auxilio o de agradecimiento. Cuando rezamos, utilizamos la energía misma de la vida que hace que las cosas se den, cambien o mejoren. Las oraciones son generadores de energía y nos envuelven en un campo protector que nos ayuda a sobrellevar las diferentes vicisitudes de la vida. Los seres humanos tenemos un tremendo poder en las oraciones. La mayoría reza como un acto de fe, pero es mucho más que eso: a través de nuestros pedidos al rezar podemos lograr todo lo que nos proponemos.

¿LA VIDA ES UN CAOS O HAY UN ORDEN?

Una mujer que queda embarazada pero no desea el embarazo, por diferentes razones, aborta; otra mujer queda embarazada y tampoco desea tener el bebé, trata de abortar en varios intentos y con diferentes métodos, pero no lo logra: el alma del bebé se aferra a la vida y logra nacer, pese a los deseos de la madre. Otra mujer desea tener hijos pero no queda embarazada pese a muchos tratamientos.

Una persona nace en cuna de oro: no le falta nada durante toda su vida, le sobra el dinero y lo malgasta. Sin embargo, con todo ese dinero y abundancia no logra ser feliz. Otra persona, que nace en la pobreza más extrema, logra superarse, estudiar y salir de ese mundo de necesidades y sufrimientos: logra ser feliz.

Una persona tiene suerte en todo lo que hace, incluso, sin ninguna preparación académica, logra hacer mucho dinero. Otra persona se prepara hasta con más de una carrera universitaria pero no logra ganar dinero y siempre se ve con problemas económicos.

Algunas personas tienen suerte en el amor sin ser muy agraciados físicamente; otros, teniendo muy buen físico, no logran conseguir una pareja ni ser felices. Unos se casan varias veces y no logran estabilidad emocional nunca; otros se casan una sola vez y duran toda la vida juntos.

Hay personas que no se enferman nunca de nada, incluso cuando no se cuidan en lo más mínimo; otras viven enfermas, van de médico en médico, pero no salen de un problema físico, hacen diferentes tratamientos y gastan todo su dinero en enfermedades, en médicos y medicinas, pero no logran estar bien de salud.

Unas personas tienen buenos hijos, amorosos, que se preocupan y cuidan a sus padres. Otras, a pesar de brindarles amor y atenciones, tienen hijos desobedientes y de mala conducta, que les causan grandes problemas a sus padres.

Algunas personas viven toda su vida sola, abandonada por su familia; otras viven rodeados del amor familiar y de sus amigos, nunca están solos ni se sienten abandonados.

Para unos es fácil estudiar y logran aprender rápido y sin grandes esfuerzo; a otras por más que estudien, les cuesta mucho más, y no logran retener lo estudiado.

Hay quienes tienen muchos amigos y gran facilidad para conocer gente nueva. Otros no logran hacer amistades, le cuesta mucho trabajo y casi siempre están solos.

Algunas personas nacen con protección espiritual y no le pasa nada malo en la vida. A otras les pasa de todo tipo de desgracias, problema tras problema... Hay personas que tienen gran evolución espiritual y otras que son muy primitivas, casi ignorantes sobre el desenvolvimiento humano.

Hay personas que viven muchos años y otras que mueren muy jóvenes, incluso hay almas que ni siquiera logran nacer. Algunos nacen preparados para enfrentar todo lo que se les presenta y otros se ahogan en un vaso con agua, decaen ante cualquier problema, aunque sea pequeño.

Astrológicamente todos los seres humanos estamos marcados, dependiendo del momento del nacimiento. Unos están marcados positivamente y otros negativamente.

¿Qué hay realmente detrás de la vida y de la muerte? ¿Qué misterio envuelve al ser humano en su devenir por la vida en la Tierra y en el más allá?

Si existe una sola vida y nada más, y realmente Dios es justo como padre amoroso, todos deberíamos tener la misma oportunidad, vivir todos bien o todos mal en esa única oportunidad de vida. Todo se ve como un gran caos: injusticias por todas partes. El mundo está patas arriba. El ser humano está acabando con su propio planeta, lo está destruyendo sin darse cuenta que es su casa y que se quedará sin hogar.

¿Dónde está la explicación a todo este caos? Debe haber un plan divino que no entendemos, un plan para el ser humano, cuya alma es inmortal y que vuelve una y otra vez a reencarnar en diferentes cuerpos para evolucionar, aprendiendo, teniendo nuevas experiencias que solo pueden ser adquiridas en el plano físico, donde sufre, llora y se ríe en un mundo de aprendizaje y de evolución espiritual.

LAS ALMAS DE LOS ANIMALES, VEGETALES Y MINERALES

Me encontraba meditando, proyectando mi mente hacia tantas cosas que quería averiguar, ante tantos misterios que descifrar. Me sentía elevado, como flotando entre las nubes que parecían como burbujas de jabón.

En un momento dado sentí que era atraído hacia un portal. Dos grandes columnas de estilo romano daban la entrada a un jardín con muchas flores y grandes árboles. Un aroma a flores y a canela se extendía como una bruma. Me sentí mareado y caí en un remolino de luz. Sentí una gran vibración que me sacudió por completo.

Entré en un letargo, una sensación que no supe bien qué era, pero me vi acostado sobre la grama, debajo de un gran árbol y rodeado de flores de distintos colores, flores que no había visto jamás y que despedían una fragancia difícil de explicar en palabras. A lo lejos la brisa traía las notas de una música celestial. Si en algún lugar existe el paraíso terrenal, este lo era, sin duda alguna.

Me sentí lleno de una energía muy fuerte, con una euforia y alegría desbordantes. Sentía en mi corazón un amor inmenso por el mundo y todos sus habitantes. Miré a mi alrededor, buscando a otras personas, pero no veía a nadie: estaba solo. Quería compartir esa dicha con otras personas, pero me encontraba totalmente solo.

Me levanté y me puse a caminar por el parque, llegué a la salida y me vi en una calle llena de personas, tiendas, cafés y mucha actividad vehicular: carros y autobuses llenaban la calle. Todo me parecía muy normal. Pensé:

"Estoy en alguna ciudad de la Tierra". En eso una voz me habló y me dijo:

—*No es una ciudad de la Tierra: es una réplica en otro plano de existencia, en otra dimensión.*

Le pregunté si toda esa gente estaba muerta y me contestó que para ellos, las personas en el plano Tierra estaban muertas, pero que en realidad no lo estaban.

Le pregunté a la voz que quién era y me dijo que era un emisario para guiarme. ¿Acaso sabía que yo iba a llegar a ese sitio? Me contestó que no, pero que como estaba allí, le tocaba guiarme y darme toda la información que le pidiera.

—Una de las cosas que siempre me inquietó y me intrigó es saber si, aparte del ser humano, los animales, los vegetales y los minerales tenían alma y evolucionaban.

—*Cada animal tiene un alma separada y distinta que no está conectada de ningún modo con ninguna otra alma en el universo. Existe una esencia del Alma Universal para cada organismo viviente del reino vegetal y del mineral. Ellas van evolucionando en su reino, a través de muchas reencarnaciones.*

El alma animal comienza su primer ciclo evolutivo, en sucesivas reencarnaciones terrenales, en la especie más pequeña o insignificante. El tamaño del animal no puede ser uno de los factores que determinen el progreso intelectual. Entre los insectos, la abeja y la hormiga muestran el mismo grado de desarrollo de su inteligencia y aptitudes.

Fíjese que el cuerpo físico del hombre, en el sentido anatómico y fisiológico ha pasado por muchas etapas de evolución material. El cuerpo del hombre primitivo era más burdo y carente del atractivo y refinamiento que tiene la forma humana hoy en día. La forma física del hombre se ha desarrollado, en etapas graduales, desde unas formas primitivas hasta formas más estéticas y armoniosas.

Lo mismo sucede en los reinos vegetales y minerales. Hoy en día existen más variedades tanto de un reino como del otro, pues han evolucionado a través del tiempo, para armonizarse y multiplicarse.

—¿Es cierto que los animales que están en contacto con los seres humanos evolucionan más rápido?

—*Sí, es cierto. Las vibraciones de los seres humanos y el cariño y amor hacia los animales los hace evolucionar más rápidamente.*

—Dentro de la escala evolutiva, ¿cuáles de los animales son más evolucionados?

—*Dentro de la escala evolutiva, lógicamente con sus excepciones, los perros y caballos son muy evolucionados, unos más que otros. Cada uno evoluciona diferente, por eso ciertos perros y caballos son mucho más inteligentes que otros. En el caso de los seres humanos sucede lo mismo: unos están más evolucionados y son más inteligentes que otros.*

—Volviendo al lugar en que me encuentro, ¿qué plano o lugar es este?

—*Este es un portal de entrada a un plano de energía mental. Lo que se piensa se materializa, los deseos se cumplen, siempre que no dañen a nadie y que no interfieran con los demás. Aunque con la mente puedes materializar lo que deseas, aquí también existen leyes que hay que cumplir.*

—¿Por qué no lo puedo ver? ¿Tiene cuerpo físico?

—*Claro que tengo cuerpo físico, pero sutil y no me puede ver pues no me he materializado: permanezco en estado de vibración elevada y muy rápida, por eso no me puede ver.*

—¿Aquí llegan los fallecidos?

—*No, este plano es de enseñanzas para los seres humanos vivos que llegan aquí por sus propios medios evolutivos espirituales, pero que tienen que volver al plano terrestre y seguir evolucionando.*

—Si materializo algo en este plano, ¿puedo llevármelo?

—*No. Lo que se materializa en este plano permanece aquí, no puede ser transferido a otro plano de energía vibracional diferente.*

—¿Los animales al reencarnar se vuelven a reencontrar con sus antiguos dueños?

—*Muchas veces sucede así, pero si necesitan otras experiencias, se unen a otros dueños.*

—¿Existen muchos planos como este?

—*Sí, pero de diferentes vibraciones y, por ende, los seres en vibraciones espirituales similares pueden acceder a ellos.*

—¿Qué ventajas puede tener un ser al visitar un lugar como este?

—*Varias ventajas, todo depende de su grado evolutivo. Por ejemplo, usted disfrutó del paisaje y se cargó conscientemente de la energía envolvente. Además, vino con la idea de aprender, de preguntar, y lo logró. Por eso estoy aquí: acuérdese de que lo que se desea se cumple aquí.*

—Si yo quisiera reencontrarme con mis padres, ¿podría verlos e interactuar con ellos ahora?

—*No es posible. Primero, porque ya ellos han reencarnado. Segundo, porque este no es un plano de recepción de fallecidos. Y tercero, porque los fallecidos no pueden entrar en este plano vibracional. Como ya le expliqué, este lugar es para seres vivos del plano terrestre.*

—¿Yo puedo acceder a este plano cuando lo desee?

—*Usted puede venir cada vez que le sea permitido.*

—¿Permitido por quién?

—*Por los guardianes del plano. Cuando ellos lo consideran importante y la persona tiene la facultad de desprenderse espiritualmente, elevarse y entrar en este portal, le dan permiso para acceder y aprender. Cada uno aprende según su evolución espiritual.*

—Estoy escuchando un silbido extraño, ¿qué es?

—*Se le notifica que el tiempo de su estadía aquí ya terminó.*

—Le estoy muy agradecido por las informaciones.

La voz no me habló más y me vi sentado en el patio de mi casa. Me sentía muy extraño, con un leve mareo, pero feliz y lleno de energía y pleno de amor universal.

LA EXPERIENCIA DE ALFREDO

—Verdaderamente no sé cómo aparecí en ese paraje rodeado de flores y muchos pajaritos volando de un lado a otro. Me sentía confundido, no sabía por qué me encontraba allí ni cómo llegué. Mientras pensaba al respecto vi a mi lado a un hombre como de cuarenta años, vestido deportivamente. Él me sonrió y me preguntó:

—*¿Usted está muerto también?*

—Hasta donde sé, no estoy muerto.

—*Entonces, ¿qué hace aquí?*

—Realmente no lo sé. ¿Qué lugar es este?

—*Es un lugar donde llegan los fallecidos.*

—Yo he conocido otros lugares que también son sitios donde llegan los fallecidos. ¿Cómo llegaste aquí?

—Mi nombre es Alfredo y realmente me han pasado muchas cosas extrañas. Quizás usted me pueda ayudar a aclararlas.

—Si puedo, lo ayudaré con mucho gusto.

—Yo me encontraba en el club, como todos los jueves, jugando tenis con unos amigos. Cuando llevaba un buen rato jugando, comencé a sentirme mal, mareado y con muchas náuseas. Mis amigos me sentaron en un banco y me dieron agua fría. Al rato sentí un fuerte dolor en el pecho y no supe más de mí. Cuando volví a tener consciencia, vi cómo me metían en una ambulancia y los paramédicos trataban de reanimarme dándome golpes en el pecho y hablando entre ellos. Decían que estaba muerto, que me había dado un infarto fulminante, que no había nada que hacer...

Dos de mis amigos se metieron también en la ambulancia para acompañarme. Me sobresalté mucho, pues me di cuenta que estaba flotando fuera de mi cuerpo.

No supe cómo y me asuste muchísimo: era una situación muy extraña y no podía comprenderla.

Lo siguiente: me vi en un hospital. Me tenían acostado en una camilla, tapado con una sábana. Me sentí atraído por un remolino de energía y me vi en un túnel muy largo y obscuro. Yo estaba flotando dentro y quería salir rápido de allí, pero no podía. A lo lejos vi una pequeña luz y me dirigí hacia ella. A medida que avanzaba la luz se iba agrandando, hasta que al fin llegué a la luz. Un ser vestido de blanco me hizo señas para que pasara por un portón de luz vibrante. En ese instante supe que estaba muerto.

Al pasar por el portón de luz me vi en una sala muy blanca. No vi por dónde entré: no había ni puertas ni ventanas, solo unos bancos. Me senté en uno de ellos. Mi mente daba vueltas, mis pensamientos eran un gran remolino de ideas y preguntas, la confusión se apoderó de mí y me sentí solo y desprotegido. Tenía mucho miedo y caí como en un sopor. Vi pasar toda mi vida delante de mí, como en una pantalla dentro de mi mente: vi todos los detalles de situaciones vividas, lo bueno y lo malo, lo que debía haber hecho y lo que hice, situaciones con familiares y amigos, circunstancias vividas con conocidos, errores cometidos... También vi mi misión de vida y que la había cumplido a medias.

Estaba asombrado: nunca había pensado mucho en la muerte, ni creía en que había algo en el más allá, que la vida seguía y la muerte no era el fin. Pero estaba consciente de que, aunque me encontraba en una situación que no podía explicar, estaba seguro de que estaba vivo, no sabía cómo, pero estaba vivo.

Al terminar esas reflexiones, vi a mi lado una puerta. Me paré inmediatamente y salí por esa puerta hacia un jardín. Allí vi a otros seres, hombres, mujeres y niños, mucha vegetación y muchos pajaritos. Me acerqué a una mujer bastante joven y le pregunté que cómo estaba. Ella me sonrió pero no me contestó y siguió caminando. Yo la seguí hasta llegar a una plaza muy grande donde había muchas, personas reunidas y, sobre una tarima, estaba un hombre con una lista en las manos. Llamaba por su nombre a las personas: a medida que las nombraba, las personas se dirigían por una vereda, como un túnel vegetal muy bello, hacia otra puerta. Yo también fui nombrado por el señor de la lista y pasé por la vereda hacia un gran salón donde ya estaban reunidas muchas personas. Había muchas puertas de diferentes colores y cada persona se sentía atraída hacia una puerta diferente. Yo salí por una puerta azul. Al entrar estaba solo, pese a que otras personas entraron por esa misma puerta.

Había una cama y me acosté. En verdad no estaba cansado, sino que tenía que ordenar un aluvión de ideas y de sentimientos... Pensé en mi familia, en mis amigos, en mi trabajo y en todas las cosas que había dejado atrás. Sabía que no tenía regreso, que había pasado a otro plano de existencia. No sabía lo que me esperaba, el temor se manifestó con ideas extrañas. Me quedé meditando sobre lo acontecido, pero no podía asimilarlo, era demasiado... ¿Cuánto tiempo había pasado? No tenía idea.

Después, no sé cómo, me vi en este lugar y lo vi a usted... ¿Qué me puede decir? ¿Qué me espera aquí? ¿Cómo es la vida aquí? ¿Cuánto tiempo voy a permanecer aquí?

—Mi estimado Alfredo: yo no puedo contestar a sus preguntas, pues no tengo las respuestas. Yo solo estoy investigando todo sobre la muerte, pero soy apenas un espectador. No estoy muerto, como le dije antes. No estoy seguro de cómo llegue aquí, pero sé que es para aprender y saber algo más sobre el más allá y la tan temida muerte. Siento que debo irme ya. Le deseo suerte en su camino evolutivo.

Me vi de nuevo en mi casa.

He tenido experiencias increíbles y me he contactado con todo tipo de personas y guías. Sé algo sobre la muerte, pero estoy consciente de que falta muchísimo por aprender sobre la vida del otro lado. Espero tener la oportunidad de aprender cada vez más y poder transmitirlo a los demás, para que se pierda el temor a la muerte y para que podamos comprender que la vida es eterna y maravillosa.

LA CIENCIA Y LA REENCARNACIÓN

Muchas culturas, sistemas y religiones, sostienen que los muertos resucitan en otro mundo, en otro plano de existencia: van al paraíso o reencarnan, volviendo en otro cuerpo. Sin embargo, hasta ahora dicha presunción no dejaba de ser una quimera intelectual, sin base empírica que la demostrara. Pero, ¿y si la ciencia estuviera proporcionando pruebas de que realmente hay vida después de la muerte, de que hay vida más allá de la vida?

Varios investigadores de diferentes universidades del mundo han revolucionado el paradigma establecido aportando evidencias de que la consciencia o el alma sobrevive a la muerte física, de que el espíritu es eterno y evoluciona con cada reencarnación.

Los médiums afirman que pueden percibir, de alguna manera, a seres fallecidos, que tradicionalmente en la terminología espirita se conocen como desencarnados, que pueden incorporarse en los cuerpos de los médiums y manifestarse con personalidades propias como cuando estaban encarnados.

Recientemente, el profesor Gary Schwartz y sus colegas de la Universidad de Arizona, en Estados Unidos, llevaron a cabo una investigación detallada sobre la autenticidad de la mediumnidad. Tomando como conejillos de indias a los conocidos médiums George Anderson y John Edward, y a varios otros menos célebres como Suzane Norrhrop, I. Campbell y Anne Gehman, hicieron estudios y comprobaron que todos ellos eran muy precisos y con un grado de aciertos muy superior al porcentaje de probabilidades. Los factores de fraude, error y coincidencia estadística fueron descartados.

Es precisamente en Estados Unidos donde la doctora Julie Beischel, del instituto Windbridge, está llevando a cabo una de las investigaciones más fascinantes con médiums, para demostrar que hay vida después de la muerte. Básica-mente, utiliza tres métodos: *Proof Focused Research* o investigación de prueba, que consiste en intentos para verificar si los médiums están dando la información veraz; *Process Focused Research* o investigación del proceso, que estudia las experiencias de los médiums durante las comunicaciones con los espíritus; y Applied Research o investigación aplicada, que estudia cómo la información obtenida puede beneficiar a la sociedad en general. Los médiums estudiados por Beischel dieron información concreta de personas que ya habían fallecido, información que posteriormente fue verificada. Por tanto, los resultados confirman la hipótesis de que el espíritu sobrevive a la muerte.

A través del método del quíntuple ciego, en las lecturas de la investigación con médiums certificada por el Instituto Windbridge, se puede demostrar que el fenómeno llamado "recepción anómala de información", que implica a médiums que dan noticias e informaciones concretas y específicas de personas que están vivas, proporcionadas por fallecidos, con total ausencia de información previa y sin usar términos confusos: es real y existe. Todas estas investigaciones fueron llevadas a cabo en laboratorios y estudiadas bajo condiciones controladas.

En Brasil, el doctor Sergio Felipe De Oliveira, de la Universidad de Sao Paulo, investiga la conexión entre la glándula pineal y la mediumnidad. En su trabajo usa técnicas de difracción de los rayos X, tomografías computarizadas y resonancias magnéticas. Comparando los cristales de apatita presentes en la glándula pineal de los médiums con los de personas que no habían desarrollado la mediumnidad, se dio cuenta de que los médiums tienen más cristales de apatita en la glándula pineal. Además, comprobó que, durante la comunicación espiritual, los médiums tienen más actividad cerebral y que su flujo sanguíneo aumentaba en la región de la glándula pineal. Su hipótesis es que la glándula pineal es el órgano sensorial de la mediumnidad: como un teléfono móvil que llega a captar las ondas del espectro magnético que vienen de la dimensión espiritual y que rebotan en los cristales de apatita de la glándula, secuestrando el campo magnético y transmitiendo la información a la corteza cerebral para la interpretación del mensaje.

Las experiencias cercanas a la muerte son relatos narrados por personas que han estado clínicamente muertas y que, sin embargo, han logrado sobrevivir, trayendo consigo una serie de vivencias extra corpóreas que sugieren que hay vida después de la muerte.

Desde que Raymond Moody escribiera su libro Vida después de la vida, pasando por las investigaciones y publicaciones de la catedrática Elisabeth Küble-Ross, una académica con una veintena de reconocimientos *Honoris Causa* en diferentes universidades de todo el mundo. Los científicos no han dejado de sentirse atraídos por este fenómeno llamado reencarnación.

Los doctores Kenneth Ring, de la Universidad de Connecticut, y Sharon Cooper, de la Universidad de Nueva York, completaron un estudio de dos años sobre las ECM (Experiencias Cercanas a la Muerte) en ciegos con resultados impactantes. Los datos fueron publicados en un libro titulado *Mindsight,* en el que aportaron pruebas sólidas de treinta y un casos en los que los ciegos describen la experiencia de ver por primera vez en su vida, dando detalles de los procedimientos médicos en la mesa de operaciones. Las personas fallecidas con algún defecto físico, al desencarnar, se sienten completos, ya sean ciegos, cojos, paralíticos o con otros defectos físicos, pues el espíritu es perfecto, no tiene defectos ni ningún tipo de impedimentos.

Encontramos consciencia durante la anestesia, en caso de que la ECM ocurra bajo los efectos de la anestesia general, cuando obviamente, bajo esas condiciones, no debería haber una experiencia consciente. En el momento de la muerte se manifiesta una película de los recuerdos de toda una vida, trayendo a la memoria sucesos que habían sido olvidados. En algunos casos se producen reuniones familiares con personas fallecidas, por lo general parientes del individuo, llegando en algunos casos a presentarse familiares que murieron antes de que el sujeto hubiera nacido. Si las ECM fueran únicamente producto de fragmentos de memoria, lo más lógico sería que los encuentros fueran con gente viva con la que normalmente se ha interactuado.

Las experiencias de los niños, incluyendo a aquellos demasiado jóvenes como para haber incorporado conceptos de muerte, religión o ECM, son esencialmente idénticas a las de los adultos, lo que refuta la posibilidad de que el contenido sea producido por creencias preexistentes o condicionamientos culturales.

Hay hechos consistentes alrededor del mundo que confirman que estas experiencias se producen en diferentes países, religiones y culturas, siendo increíblemente similares todas estas, con ciertas variantes, claro, pero con demasiadas coincidencias entre sí.

Las investigaciones de regresión a vidas pasadas se componen de prácticas y enfoques basados en evidencias. Los resultados proceden de cuestionarios antes y después de la terapia, con un gran número de individuos con un tipo específico de problemas, incluyendo un grupo de control para demostrar su eficacia. La doctora Dennning Hazel, de la International Association for Regression Research and Therapy, estudió los resultados de ocho terapeutas de regresión con cerca de 1.200 pacientes, entre 1985 y 1993. Los resultados se midieron inmediatamente después de la terapia, pasados seis meses, un año, dos años y cinco años. De los 450 pacientes que todavía podrían ser rastreados después de cinco años, el 24 por ciento informó que los síntomas habían desaparecido por completo.

El doctor Ron Van Der Maesen se doctoró con una investigación de terapia de vidas pasadas en la Universidad de Utrecht, en Holanda. Su tesis se basó en estudios distintos de tratamientos con terapia de vidas pasadas, que incluía terapia de la reencarnación.

La doctora Helen Wambach investigó durante más de diez años la reencarnación. El estudio se realizó con 26 terapeutas de regresión que habían trabajado con un total de 17.350 pacientes. La doctora Wambach hacía preguntas muy específicas acerca de los períodos de tiempo en los que vivía la gente: cómo era la ropa, el calzado, los utensilios, el dinero y la vivienda. Wambach concluyó que los recuerdos eran increíblemente precisos y escribió que la fantasía y la memoria genética no podrían dar cuenta de los patrones que surgieron en los resultados.

El médico psiquiatra Brian Weiss, graduado por las universidades de Columbia y Yale, desde la perspectiva psiquiátrica y desde sus experiencias personales, afirma que existen la reencarnación y los espíritus.

El King's College del Reino Unido viene causando cierto revuelo en el mundo de la tanatología. Allí, el científico Peter Fenwick está examinando con lupa el fenómeno de la muerte entre 24 y 48 horas antes del deceso y en el momento mismo de la muerte. Este científico se ha fijado, en primer lugar, en las visiones desde la cama, en las cuales los moribundos hablan con familiares fallecidos que han venido a recogerlos. A veces las experiencias no son tan idílicas ni el moribundo encuentra a familiares fallecidos que facilitan su paso al otro lado, sino que pueden ser aterradoras cuando la persona tiene cargos de consciencia por errores graves cometidos.

La profesora y terapeuta Carol Bowman lleva años estudiando la reencarnación y recogiendo datos, especialmente en casos de niños pequeños. Bowman tiene más de veinte años investigando los recuerdos espontáneos de las vidas pasadas.

La reencarnación no es un concepto filosófico ni religioso, sino un hecho natural. Charles Tart, conocido internacionalmente por sus trabajos sobre la consciencia, saltó a la fama por sus estudios sobre los estados alterados de con-ciencia y los efectos de determinadas drogas, como el LSD, sobre la mente. Doctor en psicología, es miembro del Instituto de Psicología Transpersonal de Palo Alto, California, en Estados Unidos. Su última obra pretende ser un puente entre la ciencia y la dimensión espiritual del ser humano.

Muchas personas, capturadas por el cientificismo, tienen una visión cognitiva y emocional del mundo totalmente materialista, por ello no podrán ver nada acerca de los fenómenos psi (parapsicología), de experiencias fuera del cuerpo o de experiencias cercanas a la muerte. Estos fenómenos implican una faceta espiritual y no material de la realidad. Si se ven obligados a echar una mirada a algunos de estos datos, ingeniosamente trataran de explicarlos para trivializar lo que en realidad no tiene forma de ser comprendido. Tart deja claro que el problema no es un conflicto entre la ciencia y la espiritualidad. El cientifismo es una corrupción anquilosada y dogmática de la ciencia.

En el otro extremo del cientifismo, Tart sitúa al fundamentalismo religioso. Los organizadores de la mayoría de las religiones modelan sus teorías que con demasiada frecuencia adoctrinan a la gente e imponen lo que debe creerse o serán condenados eternamente, y las religiones casi siempre toman una actitud según la cual las doctrinas no deben ser cuestionadas, ya que si lo haces eres una mala persona y serás castigado.

La parapsicología y la investigación psíquica se superponen, pero por lo general la parapsicología implica rigurosos análisis de laboratorio sobre una limitada gama de fenómenos psi.

La mayoría de los investigadores que tienen algún cono-cimiento de lo que significa el problema de la supervivencia después de la muerte y la reencarnación están en los límites de lo científicamente aceptable. Las investigaciones y estudios de los fenómenos paranormales sugieren la supervivencia del "yo" o del alma después de morir. La mayoría de la gente tiene una creencia y procura obstinadamente protegerla: no quieren ver nada que pueda desafiar esa creencia. Raymod Moody ha dicho que la muerte es la expansión de la consciencia. El doctor Raymon Moody alcanzo fama mundial a principios de la década de los setenta, al publicar los resultados de su investigación sobre personas resucitadas, es decir, sobre aquellos individuos que habían sido declarados muertos, pero que inexplicablemente habían vuelto a la vida. Según las estadísticas, en Estados Unidos más de ocho millones de personas aseguraban haber muerto y resucitado. Casi todos hablan de lo que podríamos llamar "memoria panorámica": una visualización de los momentos más importantes de sus vida, que pasan como una película rápidamente ante sus ojos: toda su vida vista y analizada en fracciones de segundos. Después ven un túnel con una luz, al fondo, y muchos declaran que sus seres queridos vienen a recibirlos. También confirman la ausencia del espacio-tiempo y la impresión de que todo es luz y energía pura. Lo más significativo es que prácticamente todos cuentan la misma historia, y todos vuelven del más allá transformados y sin ningún miedo a la muerte. Realmente se ha llegado a la conclusión de que con la mera luz de la razón parece difícil de probar la inmortalidad del alma.

La doctora Elisabeth Kübler-Ross, médico con veintiocho títulos *Honoris Causa* en su haber y más de veinte años de experiencia, ha acompañado en el momento de la muerte a miles de personas. La doctora Kübler-Ross ha estudiado más de veinte mil casos por todo el mundo de personas que habían sido declaradas clínicamente muertas y que fueron llamadas nuevamente a la vida.

La experiencia de la muerte es casi idéntica a la del nacimiento. Es un nacimiento a otra existencia que puede ser probada de manera muy sencilla. Durante dos mil años se ha invitado a la gente a "creer" en las cosas del más allá, pero este no es un asunto más de creencias, sino del conocimiento.

En el momento de la muerte hay tres etapas. La muerte física del hombre es idéntica al abandono del capullo de seda por la mariposa. Según las observaciones de la doctora Kübler-Ross, el cuerpo humano puede compararse con el capullo de seda y su larva.

UN CUERPO HUMANO TRANSITORIO

Desde el momento en que el capullo de seda se deteriora irreversiblemente, ya sea como consecuencia de un suicidio, de un homicidio, de un infarto o por enfermedades crónicas, no importa la forma, va a liberar a la mariposa, es decir a vuestra alma. En esta segunda etapa, vuestra mariposa, siempre hablando en lenguaje simbólico, ha abandonado su cuerpo. En esta segunda etapa estaréis provistos de energía psíquica, así como en la primera lo estuvisteis de energía física. En esta última vosotros tenéis necesidad de un cerebro que funcione, es decir, de una consciencia despierta para poder comunicaros con los demás.

Desde el momento en que este cerebro, ese capullo de seda, tarde o temprano, presente daños importantes, la consciencia dejará de estar alerta, apagándose. Desde el instante en que esta falte, cuando el capullo de seda esté deteriorado al extremo de que vosotros ya no podáis respirar y que vuestras pulsaciones cardíacas y ondas cerebrales no admitan más mediciones, la mariposa se encontrara fuera del capullo que la contenía. Esto no significa que ya se esté muerto, sino que el capullo de seda ha dejado de cumplir sus funciones. Al liberarse de ese capullo de seda, se llega a la segunda etapa: la de la energía psíquica. La energía física y la energía psíquica son las dos únicas energías que al hombre le es posible manipular.

El mayor regalo que Dios haya hecho al hombre es el libre albedrío, y de todos los seres vivos el único que goza de este libre albedrío es el hombre. Vosotros tenéis, por lo tanto, la posibilidad de elegir la forma de utilizar esas energías, sea de modo positivo o negativo.

Desde el momento en que sois una mariposa liberada, es decir, desde que vuestra alma abandona el cuerpo, advertiréis enseguida que estáis dotados de capacidad para ver todo lo que ocurre en el lugar de la muerte, en la habitación del enfermo, en el lugar del accidente o allí donde hayáis dejado vuestro cuerpo.

Estos acontecimientos no se perciben ya con la consciencia mortal, sino con una nueva percepción. Todo se graba en el momento en que no se registra ya tensión arterial, ni pulso, ni respiración, en ausencia de ondas cerebrales. Después podrán explicar con precisión cómo los bomberos sacaron el cuerpo del carro accidentado con tres sopletes. No se puede explicar científicamente que alguien que ya no presenta ondas cerebrales pueda leer una matrícula, ver la intervención quirúrgica, escuchar la conversación de los médicos y enfermeras, ver y escucharlo todo y sin embargo estar fuera del cuerpo físico.

El muerto se encuentra bien y se encuentra intacto, los ciegos pueden ver, los sordos y mudos oyen y hablan otra vez, los enfermos graves están sanos y en perfectas condiciones. Esta experiencia extra corporal es un acontecimiento maravilloso que nos hace sentirnos libres y felices. El alma es el motor del cuerpo, es el todo y al dejar su vestidura, la cual ya no le sirve, la vida sigue en otro plano de existencia, la vida sigue y la muerte no existe.

Reflexiones de la doctora Elisabeth Kübler-Ross

Epílogo

Cuando se abandona el cuerpo se encuentra el alma en una existencia en la cual el tiempo ya no cuenta: simplemente no hay tiempo ni espacio tal y como lo entendemos.

Ningún ser humano puede morir solo y no solamente porque el muerto pueda visitar a cualquiera, sino también porque la gente que ha muerto antes que esta persona, que la han amado, la esperan y reciben en el otro lado.

La muerte no es más que un pasaje hacia otra dimensión o forma de vida. Se han abandonado las formas físicas terrenales porque ya no se las necesita, y el alma se reviste del cuerpo astral.

Cada ser tiene el espacio celestial que se imagina y de acuerdo con sus creencias es lo que se manifiesta. Una luz brilla al final del túnel. Esa luz es blanca, de una claridad y brillantez única y, a medida que se acercan a ella, se manifiesta el amor divino más grande, indescriptible e incondicional. Después, cuando se muere, ya no es posible volver al cuerpo terrestre, pero de cualquier manera, cuando se ha visto la luz y se siente ese amor universal, nadie quiere volver.

Hablando simbólicamente, llegamos a la vida como una piedra sin tallar. Depende de cada quien el que quede completamente deshecha y destruida o que resulte un reluciente diamante. Si se ha vivido bien no hay por qué preocuparse sobre la muerte, ni sobre las consecuencias de esa vida.

Es importante comprender que nada de lo que nos sucede es negativo, todo tiene su razón de ser: se trata de lecciones que debemos aprender. Ser infeliz y sufrir es como forjar el hierro candente, es la ocasión que nos es dada para crecer y la única razón de nuestra existencia es evolucionar.

En presencia de la luz, rodeados de compasión, de amor y comprensión, debemos revisar toda nuestra existencia, evaluar la vida que tuvimos.

La muerte no es más que el abandono del cuerpo físico, de la misma manera que la mariposa deja su capullo de seda. La muerte es el paso a un nuevo estado de consciencia en el que se continúa experimentando, viendo, oyendo, comprendiendo y sintiendo, continuando en la evolución.

En el momento de la muerte, nuestros guías espirituales, nuestros ángeles de la guarda, nuestros seres queridos, estarán cerca y nos ayudaran en el trance a esta nueva realidad de vida. Solo abriéndonos a la espiritualidad y perdiendo el miedo llegaremos a la comprensión y a revelaciones superiores.

En el momento del nacimiento, cada uno de nosotros ha recibido la chispa divina. El cuerpo físico no es más que una casa, un templo para el alma: el capullo de seda en el que vivimos y nos manifestamos durante un cierto tiempo, hasta la transición que llamamos muerte. Cuando llega la muerte abandonamos el capullo de seda y somos libres como una mariposa.

Es importante recalcar que cada ser humano, desde el principio, desde el primer soplo hasta la transición que pone fin a la existencia terrestre, está rodeado de guías espirituales, de ángeles protectores y de familiares.

La energía espiritual no puede ser usada ni manipulada por el hombre. Existe una esfera en la cual la negatividad es imposible que se manifieste. Todo sufrimiento genera crecimiento espiritual.

Si alguien dudara de la grandeza de nuestro Creador, no lime más que reflexionar sobre el genio que hace falta para crear millones de estructuras energéticas sin una sola repetición.

En la medida en que nos acercamos a nuestra entidad interior, a nuestro yo espiritual, nos damos cuenta de cómo somos guiados por esta energía que es nuestra y que representa nuestro "yo omnisciente", esa parte inmortal que es el alma.

MUCHAS VIDAS PARA EL CRECIMIENTO ESPIRITUAL

Una sola existencia, una sola vida es muy poco para aprender toda una gama de experiencias. La vida es como un soplo en el viento, como un microsegundo en la eternidad.

Tenemos que venir, debemos reencarnar como ser humano, aprender las experiencias como ser humano. Tenemos que nacer como mujer y aprender todas las experiencias y vicisitudes desde el punto de vista femenino. Debemos tener las experiencias como niño, como adolescente, pasar por muchas y diferentes experiencias, para aprender las lecciones que solo podemos aprender en el plano físico y nuestra alma inmortal revestida de un cuerpo, el cual nos limita, es nuestra cárcel de carne y hueso, pero es realmente la manera de evolucionar.

Una sola vida, una sola existencia, no nos permite aprender nada. Además, hay muchas injusticias en dicha existencia: mueren bebés en el vientre de la madre, otros niños mueren al nacer, otros mueren adolescentes, otros mueren muy jóvenes... pero otros viven muchos años. ¿Qué tipo de aprendizaje se puede lograr con tantas diferencias? ¿Por qué unos viven poco, otros ni siquiera nacen y otros viven muchos años? Si solo vivimos una sola existencia, ¿dónde está la justicia divina?

El mundo es un caos. La existencia del ser humano es tan efímera, tan incierta, que parece una fantasía escrita por un loco. Una historia que, además, no tiene ningún fin, no tiene ninguna explicación lógica: es simplemente algo incomprensible para la mente humana.

Cuando se reflexiona, cuando pensamos y analizamos la vida tal y como se nos presenta, la única explicación lógica es la reencarnación, la oportunidad de volver una y muchas veces tomar un cuerpo físico y evolucionar, aprender nuevas lecciones, corregir errores, perdonar los agravios que nos han hecho y buscar el perdón de los demás por nuestras agresiones y errores cometidos, saldar karmas pendientes y buscar la felicidad a través del dharma ganado, con amor y comprensión.

Si pensamos y creemos que la energía divina es justa, que Dios es un Padre amoroso y justo, no podemos aceptar el concepto de una sola existencia, de una sola vida, que ni siquiera es igual para todos los seres humanos.

Con la ley de la reencarnación se pueden explicar todas las situaciones de la vida, las buenas y las malas, por la ley de causa y efecto. Sin la reencarnación, lamentablemente, deberíamos aceptar que la vida es azarosa, sin fundamento, sin motivación ulterior, sin lógica y un total caos sin un concepto claro, sin evolución espiritual. Y lo peor es aceptar que no existe ninguna inteligencia detrás de la creación del ser humano y que con la muerte se acaba todo, que el alma, el "yo", desaparece, se esfuma en la nada al perder la materia, se evapora y nuestra personalidad deja de existir para siempre.

Yo personalmente, después de muchos años de investigación y estudio, llegué a la conclusión de que el Plan Divino para el ser humano es muy complejo, pero grandioso. La mente humana no está en capacidad de entenderlo, pero no por eso no existe un destino ulterior para el ser humano El alma, nuestro "yo superior", evoluciona en diferentes cuerpos, en situaciones distintas, aprendiendo cada vez más y superándose cada día más. El alma es inmortal y nuestro "yo" es eterno, cada uno con su evolución espiritual a través del viaje en el cosmos infinito.

El hombre está destinado a grandes cosas y su destino es grandioso. Somos seres privilegiados, pero solo al llegar a niveles espirituales superiores hacemos consciencia de ello.

Por último…

La muerte no existe como un final absoluto: es un cambio a otra dimensión de vida. Cada ser humano es artífice de su destino, cada uno es dueño de un libre albedrío, que puede ser usado para el bien o para el mal y, como consecuencia de ello, vivir bien o vivir mal, ser desdichado o lograr ser feliz y, sobre todo, evolucionar espiritualmente y lograr desprenderse de tantas ataduras que no nos dejan elevarnos a planos superiores de luz comprender el Plan Divino para toda la humanidad.

Made in the USA
Columbia, SC
04 September 2019